何意千錘百鍊鋼

化為纏絲繞指柔

洪均生先生书法作品

洪均生与刘子衡先生在济南趵突泉清照祠前合影

1985年7月1日至10日,洪均生(前排中)以特邀代表资格赴威海市参加山东省武术挖整汇报会议,与各地区代表合影留念
其右为78岁马均成,旁为74岁徐自良、陈若萍;左为刘、张两位老师。后排为王新泉、周子和、周永祥、刘东海等

1989年10月,与门惠丰同志于济南菜市新村家中合影

1992年4月,济南武术馆举行太极拳推手研讨会,与陈式太极拳十九代传人王西安、陈正雷等合影

1981年，于济南饭店教授全日本太极拳协会会长中野春美太极拳

1982年，坂本孝纪、古贺荣子率学生来济南学拳，合影于山东省体育馆

1984年11月,和《中华武术》编辑部主任昌沧同志于菜市新村后院合影

1992年8月19日,与杨德厚于泉城济南合影

作者练拳照（1982年，摄于济南饭店）

20世纪80年代初期，与学生们在黑虎泉合影

1982年夏，与蒋家骏练习推手（摄于大明湖畔）

1984年7月，与李宗庆练习推手（摄于黑虎泉拳场）

洪式太极拳纪念亭（建于2015年3月）

洪均生公纪念碑

《一代宗师洪均生先生传》碑石近照

洪式太极拳
（下卷）

洪均生 著
洪均生著作整编委员会 整编

人民体育出版社

洪均生著作整编委员会

主　　任：蒋家骏

秘书长：田　芸

常务副主任：洪　森

副主任：王德友、尚华建、刘东雷、单　华、金　海、何厚成、洪卫国、鹿世斌

副秘书长：王旭峰、黄丽婵、潘洪印

委员：

王　成、王志兴、王福奎、牛克林、邓新华、
刘秀文、肖明奎、吴仕增、谷庆梅、张幼泉、
张光宗、张福桢、张燮和、陈中华、陈宝山、
陈宝根、崔建新、董月星、潘凤来

王中军、王达耀、王宗惠、牛学云、牛　斌、
仇卫星、方华成、冯太富、齐　博、任　芳、
庄玉亭、刘庆香、刘孝庆、刘　凯、刘京军、

刘洪利、刘晋中、刘祥友、孙远明、孙厚权、
孙晓东、李　强、李广海、李　刚、李延峰、
李诗诺、肖鲲鹏、吴华强、谷庆玉、谷惠东、
宋宝英、宋春林、张永生、张孝军、张林涛、
张虎宝、张法林、张锁柱、张瑞勇、陈　亮、
陈　旭、陈秀和、陈媛媛、罗松华、赵同庆、
胡桂芬、侯远飞、侯敬峰、宫志伟、姚士玉、
徐诗尧、高　凯、郭传光、郭其武、唐美英、
黄正清、黄礼俊、黄　伟、曹留靠、梁璟涛、
彭　东、蒋　琳、蒋有庆、谢建军、蔡全华、
蔡　清、廖志忠、潘　峰、薛　猛、魏　勇

洪均生简介

洪公讳孝堃，字均生，号小痴，晚号八八老人。祖上三代为官，祖籍浙江宁波鄞县。6岁始读四书五经、唐诗三百首；11岁从学医道；13岁随祖父迁居北京，后考入北京法语学院，17岁因病辍学。1930年拜在陈式太极拳第十七代陈公讳发科师门下，习练陈式太极拳，与师朝夕相随，习拳十五载。因家道中落，1944年离师客居济南。1956年春再度赴京从师探求陈式技法，返济后，简练精一，学而后化，把师授实战技法融会贯通到所学套路中，称之为"陈式太极拳实用拳法"。1995年5月洪公写下书法横幅"洪式太极"。1996年1月28日故于济南，享年90岁。后人称"实用拳法"为"洪式太极拳"，广泛传播于世界各地。

《洪式太极拳》简介

　　洪公均生先生，在继承了陈师发科公所传授陈式太极拳实战技法的基础上，深入研究缠法理论，孕育了以武学技击为核心，兼具养生保健功能的洪式太极拳。《洪式太极拳》一书是遵照洪公生前遗愿，嘱托后人整理原手稿文字，重新出版其所有著述，以更正、弥补之前出版洪式太极拳书籍中的讹误与不足。本书是洪公一生研究太极拳法的结晶，对太极拳理法阐述精辟、细致、全面、系统，是继陈鑫先生《太极拳图说》之后又一部经典著作。它不仅是洪式太极拳的规范教材，对其他各式太极拳爱好者，都是一部不可多得的太极拳理法著述。

序　言

《洪式太极拳》的出版，是先祖父洪均生公的遗愿。先祖父洪均生公于1930年拜师于陈式太极拳一代宗师陈发科公，学拳十五载，寒暑不辍，取得较深造诣。1944年举家迁往济南后，又于1956年再次赴京拜会恩师，蒙师传授技击精粹，拳法上又有了质的飞跃。据此，先祖父结合多年实践，并博采其他拳种武术精华融贯于套路中，按照怎么用即怎么练的指导思想，创编成独具一格的太极拳套路，并于1988年出版了专著《陈式太极拳实用拳法》。至2000年，因先祖父所创套路明显有别于陈式太极拳，已自成体系，洪氏家族提议使用"陈式洪派太极拳"命名此套拳法。后又经多年发展，此拳广传海内外，社会上普遍称之为"洪式太极"。2015年2月26日，先祖父20余位重要传人召开会议，决定按照先祖父生前留书"洪式太极"命名此拳，至此此拳正式定名为"洪式太极拳"。会议期间，为弘扬传播洪式太极拳，团结洪式太极传人，大家一致同意成立"洪式太极拳联合会（暂定名）筹委会"，受洪氏家族授权委托，负责组织重大活动、整编先祖著作、举办学术研讨等，并选举蒋家骏先生为筹委会主任。

2015年，适逢济南市第六批非物质文化遗产申报，在济南市非遗办公室和济南市天桥区文化局的指导协助下,"洪式太极拳"成功列入济南市市级非物质文化遗产项目名录,成为济南市本土的武术拳种之一。

2015年3月29日,由洪氏家族牵头、筹委会承办,在济南进行了洪均生纪念亭暨弟子碑揭幕仪式。2015年7月28日,筹委会组建了"洪均生先生著作整编委员会",负责整理出版先祖父遗著。

先祖父毕生致力于太极拳理拳法的深入研究,一生拳论、著述颇丰,虽三次出版先祖父部分遗著,但仍未全面反映先祖父拳论全貌。为尽量给世人系统、完整、忠实地呈现先祖父的太极文化遗产,传承"洪式太极拳",委员会进行了深入细致的整理、核对、研讨,历经两年多的时间终于形成此书。在此,我代表洪氏家族对筹委会各位传人的大力支持、委员会全体工作人员的艰辛努力,特别对蒋家骏先生提供先祖父手稿及拳架照片表示衷心的感谢。奉此书呈以告慰先祖父的在天之灵!

洪继群

2017年7月1日

自 序

　　陈式太极拳一代宗师陈发科先生于1928年自陈家沟进京授拳，这一古老拳种方使外界所认识。我有幸于1930年拜陈师门下，朝夕相随，学拳十五载，言传身教，获益匪浅。后因于家计，于1944年离京，寓济南谋生。虽离师索居，然谨记师训，研练不敢稍懈；默识揣摩，亦每有所得。

　　此套陈式太极拳实用拳法，是1956年春我再次赴京时陈师晚年亲手传授。师生分别十余载，幸会之下，百感交集。于是每日研练，蒙师从头指点，将套路各式之动作详加讲解，并亲手教我实验。这对我于陈式拳真谛之领悟乃一次质的飞跃。陈师曾言："这套拳没有一个动作是空的，都是有用的。"确非虚语。此后，经与学生反复交手试验每一动作，进一步体会这套拳"理精法密"之真义。它既符合生理方面的经络学说，有保健医疗的良好效果，又符合哲学和力学原理，处处体现出对立统一的法则。在武学方面，更是一门高深的刚柔相济、四两拨千斤的奥妙技艺。

　　我当时征得陈师允许，将他所讲解试验的着法，融贯于原来所学的套路中，企冀为学拳者开辟一条走向掌握陈式技击奥妙的捷径。因此，从1956年后，遂以此套路拳法传于济南学生。通过实践，效果卓然。是以逐渐扩展到南北各地，日本、美国、东南亚友人亦陆续来学。

拳法各式动作，虽较原来略有改变，然而对陈鑫先生提出的陈式太极拳基本规律——缠法则严格遵守，且更加缜密细致。我一向认为陈式太极拳乃中华武林之瑰宝，是陈氏祖代从生活、生产、战斗实践中吸收各家之精华提炼发展而成。它应属于祖国人民。遂以三十年之心血写成此书。窃不敢自秘，愿公诸于世。若有裨益于中华武术事业之发展，则庶不负于师教矣。

为纠正流传陈式诸本所出现的式名之误，特一一加以考释，写出专文。限于作者水平，难免有不当疏漏之处，敬乞识者校正。

洪均生
1988年3月

前　言

　　洪式太极拳创始人洪公讳孝堃（1907年3月—1996年2月），字均生，号小痴，晚号八八老人。生于河南禹县，祖籍浙江宁波鄞县。

　　洪公自幼随父在京，1930年拜在陈式太极拳十七代陈公讳发科先生门下，随师学艺十五载，言传身教，深得真传。洪公文武兼修，寓文于武，默识揣摩，深究拳法，尽得陈式太极拳之要旨。于1944年离师客居济南，1956年春再度赴京从师进一步深求

洪公书法横幅"洪式太极"

洪公书写"洪式太极"

陈式技法，蒙师逐式详加解释，对太极拳真谛之领悟乃得一次质的飞跃。返济后，简练精一，学而后化，自成一家，洪公称之为太极拳"实用拳法"。此拳理精法密，以实用为本，轻灵圆转，自然缠绵，雄浑儒雅，风格独特，与众有别。1995年5月23日，洪公在济南的居所菜市新村给弟子蒋家骏留下了书法横幅"洪式太极"；1996年洪公离世之后，后人遂改称"实用拳法"为"洪式太极拳"，广泛流传于世界各地。

《洪式太极拳》一书是洪公一生研究太极拳法的结晶，对太极拳理法阐述精辟、细致、全面、系统。它的出版发行必如春雷一般，引起太极拳界的轰动，也必将成为继陈鑫先生《太极拳图说》之后诞生的又一部太极拳理法的经典著作！本书具有以下特点：

1. 科学化、规范化。谨遵洪公的武学思想，以螺旋运动之顺、逆缠丝为依据，以对立统一的哲学辩证思想为法则，以立如平准、活似车轮的物理力学原理为理法，把洪式太极拳科学化；同时，书中一、二路所有拳势动作均以洪公拳照而非画像为版本，把洪式太极拳规范化。以照片为师，不仅学习洪公的拳势——眼、身、步、手、法的配合，还要研究探讨他的神态和拳架的意境，体现出洪公对"拳品"所言的造诣。

2. 准确性。本着"以洪公亲笔手稿文字、原图片为准"的基本原则，保证新录入的文章必须是洪公原稿文字；对于之前已经出版发行的拳势说明和理法阐述文章尽可能地以原稿文字替换；书中所有疑问、争议之处皆以原稿文字为准。再配以洪公拳照，乃珠联璧合，真处见真。

3. 实战性。书中注重技击实用，不空谈意、气、呼吸；对每一个拳势动作的攻防、着法都详加说明，引导学者做到"练拳时无人若有人"，才能在"交手时有人若无人"。

4. 广泛性。1964年，《体育报》"体育专栏"就太极拳缠丝劲和抽丝劲问题展开了争鸣和探讨，参与讨论的有徐致一、洪均生、罗基宏、赵任情、李经梧等各式太极拳的代表人物，对太极拳缠法论述各抒己见，论述精辟。今全部收集整理成系列文章，连同发表附记一并公之于众，旨在更好地传承发展各家太极拳技法，与天下太极拳爱好者共悉之。

洪公以毕生精力探究洪式太极拳理法，又熟识各家太极拳理论，融会贯通，结合教学实践，验证前人学说，有新的创见和解释，纠正了一些不正确的观点和误识。他继陈鑫先生之后，在阐述太极拳理法上做出了新的贡献。特别是对太极拳的核心——缠丝劲进行了全面深刻的研究，在拳法中更进一步地体现出螺旋缠丝、刚而不顶、柔化不丢、精拿巧运。如运斤大匠，解牛庖丁，妙造自然，不着痕迹。

在缠法之上，洪公又总结出太极拳的又一规律——松圆，这也是洪式太极拳区别于其他各式太极拳在技法上提出的更高要求。体现在拳法中就是阴阳对立而又辩证统一的运动法则，蕴含着阴阳、顺逆、动静、刚柔、虚实、开合等对立的矛盾，也体现着收即是放、化即是打和进要柔、退要刚的协调统一。

洪式太极拳法以技击性强闻名于世。洪公十分重视其技击性和实用性，并以此为据，深研详求太极拳之理法。他首次提出了手上的公转与自转，公转的正旋、反旋，自转的顺、逆，以及腿部缠法的具体要求；首次提出眼法上也有顾盼、虚实、顺逆之分，并主张目视固定目标（对方），改正了原来练拳时"眼随手运"不符合实用的眼法；首次提出太极拳的随遇平衡，规定了步法不变，重心不能前后移动、摇摆，只能立体旋转，重心的位移只随步法的变换而移动，纠正了"重心全部移于某腿"的错误；根据"腰为车轴""立如平准"的原则，利用力学的轮轴原理和杠杆原理进一步阐述太极拳理法；对"双重"作了科学的解释，纠正了太极拳界一向解释"双重"为两足同实（马步）的错误；区别于传统武术中"手眼身法步"顺序的说法，他按照"眼、身、步、手"的实践来解析每一着法，并用之于实战，这是洪公对太极拳实战技法的又一创举。

以上都是洪公对太极拳独创性的见解，其中包括了他几十年传授太极拳的经验总结和把太极拳融入现代科学的心得体会，展现出独特的太极拳思想及理论体系,这种超脱的思想、科学严谨的态度正是洪式太极拳的精髓所在。洪公常说:"此拳理精法密,理之精在于一贯以缠法为主,只有缠法的螺旋自转方能表现刚柔相济的对立统一法则;法之密在于变化万端,守规矩而不拘泥于规矩,学得要死,练得要活,用时要变。"

洪公承前启后,是继陈公发科先生之后对太极拳法的传承和弘扬做出巨大贡献的一代武学大家,被誉为"洪式太极拳宗师"。他的武学思想精深、独特、科学、创新,对中华武术的传承和发展起到了至关重要的作用,是近现代武术发展史上的一座灯塔,为武术爱好者指明了正确的航向!

洪公为人坦荡,虚怀若谷,躬身面壁,不求闻达。但在太极拳理法探讨上主张展开讨论,坚持真理。他所写的文章涉及有关著作和个人,都要说出自己的意见和看法。这种精神是可贵的。他历经了新旧社会的变更,生活坎坷,跌宕多变,但发展弘扬太极拳法的初志愈老弥坚。

洪公一生始终把太极拳作为武学来对待,把它视作一种文化来研究,深入探求其中奥秘。他提出"拳品之高低,实以人品为准"的论断,正是一言中鹄。只有拳品与人品的水乳交融,方能达至武学至高境界。以拳养心,以心润人,人生是哲学,拳品亦是哲学。洪公说,太极拳是源于生活而又高于生活的自然规律的升华,无论何人只能顺应自然、利用自然,而不能违背自然。他用凝练的笔触一气贯下太极拳品十三篇,最终归于"自然",拳、人、自然三者合一,体现了太极拳的大道。

他说,太极拳是科学,是美学,是哲学,是艺术!是人民群众的宝贵财富!要取之于民,还之于民。

太极拳就如同一座高耸入云的山峰，站在山脚下，只能仰望峰顶。而洪式太极拳恰为学者指明一条通往峰顶的道路。循此道进入山中，又感觉"只在此山中，云深不知处"。寥寥几个有幸登到山顶者，才发现原来自己看见的只是山峰的一角，眼前满是层层叠叠更高的山，更险的峰。"横看成岭侧成峰"，这才是太极拳艺术性的真正含义！

洪均生著作编写组
2016年7月26日

一代宗师洪均生先生传记

洪师讳孝堃，字均生，晚号八八老人。祖籍浙江宁波鄞县。1907年3月生于河南禹州，1944年寓居济南。1996年元月在济南辞世，享年90岁。

洪师自幼随父居京，1930年拜在陈公讳发科先生门下，朝夕相随，习拳十五载，言传身教，深得真传。虽于1944年离师索居，然谨记师训，研练拳技不敢稍懈，默识揣摩，亦每有所得。

1956年春，再度赴京求学，蒙陈公从头指点，历四月之久，而精妙尽得，神乎技矣！返济后，简练精一，学而后化，自成一家。

洪师颖悟过人，博览强记，工书法，通音律，善诗词。他尚文、尚武、尚理、尚德，是罕见的学贯古今、极具创新精神的一代太极宗师。

他的拳架严格遵守太极拳理法，拳法以实用为本，与众有别。行拳慎密、端严、轻灵、沉着、超逸、含蓄、雍容、隽永、自然，缠绵之处见雄浑之大气，可谓"无心成化，不着痕迹，其大无外，其小无内"之心法，耐人寻味无穷。

洪师技法精湛，能投人安坐于丈外之椅，而椅不倾跌，屡试皆然；又能以手引壮士，使其摇摆不能自主，而仍粘黏不能脱之，神技矣！

洪师德高望重，子孙满堂，桃李天下，名手辈出。得其真传者，代不乏人。

洪师著述颇丰，《实用拳法》一书被太极拳界奉为经典。他的技艺，在日本被誉为"太极巨星"。他的拳法传及世界各地，被尊为"洪式太极"。

2014年10月10日

弟子蒋家骏撰

目　录

第一章　洪均生太极拳理探微 …………………………（1）

一、太极拳基本规律——缠法答问 ………………………（1）

二、太极拳基本规律——明三节 …………………………（9）

三、太极拳的步型 …………………………………………（12）

四、太极拳的力与巧 ………………………………………（15）

五、太极拳的科学原理和科学练法 ………………………（20）

六、怎样认识太极拳和怎样进行练习 ……………………（24）

七、太极拳之推手 …………………………………………（25）

八、陈发科怎样教拳和推手 ………………………………（39）

九、太极拳法三字经 ………………………………………（41）

十、太极拳品并序 …………………………………………（50）

十一、王宗岳《太极拳论》臆解 …………………………（55）

十二、学拳回忆录 …………………………………………（72）

第二章　洪式太极拳二路（炮捶）详释 ………………（86）

预备式 ………………………………………………………（86）

一、金刚捣碓 …………………………………… （86）

二、拦擦衣 ……………………………………… （86）

三、六封四闭 …………………………………… （86）

四、单鞭 ………………………………………… （86）

五、搬拦捶 ……………………………………… （87）

六、猿猴献果 …………………………………… （88）

七、护心拳 ……………………………………… （89）

八、连环炮 ……………………………………… （90）

九、搂膝拗步 …………………………………… （92）

十、右转身靠 …………………………………… （93）

十一、径拦直入 ………………………………… （93）

十二、风扫梅花 ………………………………… （94）

十三、金刚捣碓 ………………………………… （95）

十四、十字手 …………………………………… （96）

十五、庇身捶 …………………………………… （96）

十六、撇身捶 …………………………………… （96）

十七、斩手 ……………………………………… （98）

十八、翻花舞袖 ………………………………… （99）

十九、掩手肱捶 ………………………………… （102）

二十、飞步拗拦肘 ……………………………… （102）

二十一、大红拳 ………………………………… （104）

二十二、右转身高探马 ………………………… （105）

二十三、小红拳 ……………………………………（106）

二十四、高探马 ……………………………………（107）

二十五、穿梭 ………………………………………（108）

二十六、倒骑驴 ……………………………………（109）

二十七、闪通背 ……………………………………（111）

二十八、进步掩手捶 ………………………………（111）

二十九、裹身鞭 ……………………………………（112）

三十、右转身裹身鞭 ………………………………（114）

三十一、手肘势 ……………………………………（115）

三十二、劈架子 ……………………………………（117）

三十三、翻花舞袖 …………………………………（119）

三十四、掩手肱捶 …………………………………（120）

三十五、伏虎 ………………………………………（120）

三十六、抹眉肱 ……………………………………（122）

三十七、右单云手 …………………………………（123）

三十八、拗步斩手 …………………………………（125）

三十九、左单云手 …………………………………（126）

四十、左冲 …………………………………………（128）

四十一、下双撞捶 …………………………………（129）

四十二、右冲 ………………………………………（130）

四十三、海底翻花 …………………………………（131）

四十四、掩手肱捶 …………………………………（132）

四十五、扫蹚腿 ………………………………………（132）

四十六、掩手肱捶 ……………………………………（134）

四十七、右拳炮捶 ……………………………………（135）

四十八、左拳炮捶 ……………………………………（137）

四十九、进步侧靠 ……………………………………（139）

五十、掩手肱捶 ………………………………………（140）

五十一、倒插花 ………………………………………（141）

五十二、左二肱 ………………………………………（143）

五十三、左变势打桩 …………………………………（144）

五十四、左回头当门炮 ………………………………（145）

五十五、右二肱 ………………………………………（146）

五十六、右变势打桩 …………………………………（147）

五十七、右回头当门炮 ………………………………（147）

五十八、撇身捶 ………………………………………（148）

五十九、拗拦肘 ………………………………………（150）

六十、顺拦肘 …………………………………………（151）

六十一、窝底炮 ………………………………………（152）

六十二、径拦直入 ……………………………………（153）

六十三、风扫梅花 ……………………………………（154）

六十四、金刚捣碓 ……………………………………（154）

收式 ……………………………………………………（154）

第三章　洪式太极拳二路（炮捶）功用歌诀 …………（155）

一、捣碓、拦擦衣、六封四闭、单鞭 ……………（155）

二、搬拦捶、猿猴献果 ……………………………（155）

三、护心拳、连环炮、搂膝拗步 …………………（155）

四、右转身靠、径拦直入、风扫梅花、捣碓 ……（156）

五、十字手、庇身捶 ………………………………（156）

六、撇身捶、右斩手 ………………………………（156）

七、翻花舞袖、掩手捶 ……………………………（156）

八、飞步拗拦肘、大红拳 …………………………（156）

九、高探马、小红拳 ………………………………（157）

十、高探马、穿梭、倒骑驴 ………………………（157）

十一、闪通背、进步掩手捶 ………………………（157）

十二、裹身鞭、右转裹身鞭 ………………………（157）

十三、手肘式、劈架子、翻花舞袖 ………………（157）

十四、掩手捶、伏虎、抹眉肱 ……………………（158）

十五、右单云手、拗步斩手 ………………………（158）

十六、左单云手 ……………………………………（158）

十七、左冲、下双撞捶、右冲 ……………………（158）

十八、海底翻花 ……………………………………（159）

十九、掩手捶、扫蹚腿、掩手捶 ……………………………（159）

二十、右拳炮捶、左拳炮捶、进步侧靠、掩手捶 …………（159）

二十一、倒插花、左二肱 ……………………………………（159）

二十二、左变式打桩、左回头当门炮 ………………………（160）

二十三、右二肱、右变式打桩、右回头当门炮、撇身捶

………………………………………………………………（160）

二十四、拗拦肘、顺拦肘、窝底炮 …………………………（160）

二十五、径拦直入、风扫梅花、捣碓 ………………………（160）

附录一 1964年《体育报》"太极拳缠丝劲争鸣与探讨"系列文章 ………………………………………………（161）

一、"太极拳缠丝劲争鸣与探讨"系列文章发表附记 ………（161）

二、略谈太极拳的缠丝劲问题 ………………………徐致一（163）

三、对太极拳缠丝劲实质的看法
　　——与徐致一先生商榷 …………………………洪均生（165）

四、略谈太极拳的缠丝劲问题 ………………………罗基宏（169）

五、太极拳缠丝劲和抽丝劲的异同 …………………赵任情（172）

六、对太极拳缠丝劲等问题的体会 …………………李经悟（175）

七、就太极拳缠丝、抽丝问题再作商讨 ……………洪均生（177）

附录二　评《陈式太极拳》八个特点…………………洪均生（186）

附录三　易学大家刘子衡先生与太极拳的缘分
　　　　………………………………洪均生著作整编委员会（219）

后　记………………………………………………………（223）

第一章 洪均生太极拳理探微

一、太极拳基本规律——缠法答问

问：太极拳的基本规律是什么？

答：陈氏十六代陈鑫在所著《太极拳图说》中说："太极拳，缠法也。"又说："不明此，即不明拳。"可见这套拳的基本规律就是缠法。

问：缠法怎样练？

答：太极拳的运动形式是螺旋形的。这种螺旋形的动作，不但运行于肌肤之上，而且贯穿全身。它使各个关节、肌肉束，甚至每个细胞都得到运动。通过反复绞拉的持久锻炼，体内自然会产出一种似松非松而富有弹性的劲来。这就是缠丝劲（陈氏通称为"掤劲"，也就是一般太极拳刊物上所说的那种"内劲"）。运用这个劲的各种着法，便是"缠法"。

问：缠法有什么类型？

答：陈鑫著作中说："其法有：进缠、退缠、左缠、右缠、上缠、下缠、里缠、外缠、顺缠、逆缠、大缠、小缠。"按说缠法的基本动作只是顺、逆两种。陈鑫列举了六个类型，将顺逆缠法列于第五，主次略欠分明。

沈家桢著《陈式太极拳》将顺逆缠法定为基本缠法，其他五对为方位缠丝，是比较进步的。

问：顺逆缠丝怎样区别？以什么做标准？

答：陈鑫著作讲到式子中的动作，经常说到经络穴位。所谓顺逆可能以经络穴位为准，但陈鑫未详细说明。《陈式太极拳》说：以时针的方向为准，即顺时针旋转方向为顺，反之为逆。我认为，它只能说明躯干的顺逆，而不能用之于手足。因为手足左右各一，手依时针旋转则右逆而左顺，同时腿部系左逆而右顺。逆时针旋转则恰恰相反。所以应当根据"手眼身法步"的说法，按照眼、身、步、手四个主要部分来区别每一部分的顺逆规律。

问：为什么把眼法放在第一位？眼怎样分顺逆呢？

答：因为眼是传达信号的器官，又是指挥全身动作的先行，所以眼应注意目标所在，然后身、步、手随之运动。应当怎样变换身步手法的方向，莫不以眼所注视的方向为准。

眼应平视目标，不可偏高、偏低。如须向某方向转身进步，眼光转向某方。如步法不变，眼应注视某式中手的最后一个动作的方向。

眼看的方向与身、步一致的为顺，反之为逆。当眼不改变方向，而身法左右旋转，此时躯干自然形成立体螺旋状，它不但使脏腑作自我按摩，促进血液循环，对身体的刚柔也有密切的关系。练拳时，尽管躯干的外形左右转动，但从头顶百会穴，通过脊骨，以至尾骨下头的长强穴，如同一根立柱直立而不摇摆移动，则外形的旋转为柔，内里的劲都是刚的，这便是外柔内刚。

又眼注视的目标为点，点的内外为面。面的界限约150°。拳论所说"左顾右盼"，顾的就是点，为实；盼的就是面，为虚。因此，左顾的同时，也有右盼。顾盼不但是为了指挥自己的动作，而且是为了观察对方的动向，以便于因敌变化。同时，也应观察到地形周围环境的情况。

由于太极拳缠法的顺逆主要在于自转，虽然有公转的配合，而眼法身法只能有自转，而无公转。

问：身法的顺逆怎样掌握？为什么身法没有公转？

答：按照钟针旋转，身左转为顺，右转为逆。身法旋转方向，虽然只有左右两面，但旋转角度的大小，却因拳式的进退变化而各有不同。

拳论说："腰如车轴。"陈式的重心应当在小腹——丹田，要求随遇平衡，所以只许在中间左右旋转，而不许摇摆、移动，因此不可能有公转。但是学陈式拳法，必须特别注意尾骨的规律与一般太极拳的根本区别。陈鑫说："尾骨长强穴（在尾骨下方）要微往后翻。"这样，小腹的下侧斜向里收，不但气能自然沉于丹田，大腿根内侧的两条大筋也自然松开，裆（会阴穴）也自然开圆。身体旋转的角度随之放大，加上脚尖随身外摆或里扣而上下相随，使身法中正安舒，不致影响重心的平衡。

问：腿部的顺逆怎样掌握？

答：腿部缠法的顺逆，系随身法的旋转而同时互变，即身左转，则左腿顺缠而右腿逆缠；身右转，则右腿顺缠而左腿逆缠。这是自然形成的，也是一定的规律。有人说陈式太极拳的手腿缠法是上下一致的，其实不然，因为两腿的配合，只一顺一逆，绝无双顺、双逆。双逆必前仆，双顺必仰跌。

学者还须注意当腿部缠法互变的同时，膝部要随身而旋转，而一提一落，即身左转则左膝提而右膝落；身右转则右膝提左膝落。按照拳论"立如平准"的规律、杠杆的原理来分析，支点在头顶至尾骨，对方加在我身某一部位的力量为重点，和重点相反的膝部等于天平（或如磅秤）的砝码为力点，来力大，则膝下沉得也大，首先保持自己重心的平衡，然后牵动对方的平衡，则四两可以拨动千斤。

问：陈式太极拳有哪些步型？

答：陈式的步型约为五大类，即马、弓、盘、虚和独立。马步中又分：小正马步，屈膝下蹲，脚向正前，两脚距离一肩宽（如捣碓）；右侧马步，脚尖向右，宽约两肩（如护心拳末一动作）；左侧马步，脚尖向左，宽约两肩（如小擒打末一动作）；内八字马步，脚尖略向内扣（如闪通背第六动作）；半马步，后膝弓垂，前膝略收，眼、胸向前边脚尖（如前蹚拗步第二动作）。弓步中又分：右弓蹬步，将右侧马步的左腿略展而不弓膝，膝向下略垂（如拦擦衣）；左、右反弓蹬步（长拳名仆步），左或右后膝弓而前腿随脚要贴地前进。进时脚尖要向内斜勾（如捣碓第三动作为右反弓，护心拳第四动作为左反弓）。盘步又分：左、右、大、小、半。盘步的动作为前脚顺缠以脚踵为轴，脚尖外摆，后膝逆缠。大盘则松垂膝部，脚不离地；小盘则后脚尖为轴，脚踵略提而向后拧转；半盘的后膝松垂，而前脚尖不外摆，如左转捣碓第三动作为左大盘步；斜行拗步第四动作为右大盘步。第一捣碓第二动作为右小盘步；右插脚第四动作为左小盘步；六封四闭第二动作和左转的捣碓第一动作为右、左半盘步。虚步只分左右前后，其法实脚尖斜（右实则向右斜，左实则向左斜），虚脚尖正。两脚距离一肩宽。虚实的区别只是实脚较重而虚脚较轻些，不是纯虚。所以虚脚仍然脚掌全部踏地，而脚踵略轻。实膝弓住塌劲，虚膝略松后收。站的位置，实脚偏后，或虚脚偏后，必成三角形。因为这样站法，身体左右旋转的角度能够放大，而不影响重心的平衡。独立步也分左右法，系实脚踏地，脚尖略向外摆，虚腿提膝齐裆向内合，小腿自然松垂，如左、右金鸡独立。

顺便再谈一谈两脚配合的方向，都是三角形的，但有锐角、直角之分。拦擦衣、单鞭的步法系两脚在横线上，但前脚要比后脚向后错寸许为锐角；六封四闭的左足虚，白鹤亮翅的左足虚和搂膝拗步、掩手肱捶的左弓蹬步为直角。这些规律，必须记清。

问：步法进退转换时的规律如何？

答：按照拳论"腰如车轴，气如车轮"（实际是手、足如同车轮）的原则，手之往复折叠，步之进退转换，都是由于躯干的立体螺旋带动手足，手足又各以自转随着公转而因敌变化。当步法前进，应先提膝，用足踵贴地走里弧线而向所需要的方面转进；后退则提膝以脚尖划地退到适当地点，再落脚踵。退时经常走里弧线。如倒卷肱的左脚与右脚配合成的形状。但扫蹬腿的左右脚均走外弧线，左、右外弧线退步，双震脚则左脚走里弧线，右脚走外弧线。

问：腿脚的着法有几种？

答：陈式腿脚着法有八种，即踢、蹬、踹、捭、跺、扫、套、衬。踢劲在脚尖，如左右插脚；蹬劲在脚踵，如左、右蹬脚；踹劲在脚掌，如斜行拗步第二动作的左脚；捭劲在脚面外侧，如摆莲；跺劲在脚底，如捣碓及震脚；扫分前扫、后扫，如扫蹬脚的左脚为前扫，劲在脚里侧偏于脚踵旁，后扫劲在脚尖外侧，如扫蹬腿的右脚另有带法也在脚踵里侧，系扫法的缩小，如右插脚第三动作的左脚；套系进步在对方前腿的外侧，劲在膝、脚里侧，如第一捣碓第三动作的左脚；衬系进步到对方前腿的内侧，劲在膝、胯部外侧。陈式步法的进退都包括套、衬二法。因旋转而落脚掌，正是拳论所说"如将物掀起，而加以挫之之力，斯其根自断"的道理，也是推手歌"牵动四两拨千斤"的牵动方法。所以陈鑫说："手到腿不到，发人不巧妙。"可见步法是如何重要。

问：《太极拳论》提出"双重之病"，究竟怎样才是双重？怎样避免此病？

答：前手前足全实，或后方手足全实，便为双重。前面双重，必出顶劲；后面双重，又必出丢劲。

问：这么说，手足的配合十分重要了。请问，手部的顺逆缠法怎么规定，又怎样和足部配合？

答：手部的自转顺逆规律，正如《陈式太极拳》所说："以手心或食指的上下翻转为准，手心、食指往上翻为顺缠，往下翻为逆缠。"但学者应当注意，手上翻时，要小指内勾，拇指外碾；下翻时，要拇指内裹，小指向外上挑，劲都围绕着中指旋转。这是手部缠法顺逆变化的基本规律。在自转的同时，还有公转。公转中的自转角度，又各随着每式、每一动作而各有加减。这里无法说明。

公转分正旋和反旋两种，正、反公转的方向又有左右、前后、上下三种。左、右正旋中的顺逆自转只有两次变化，即手以心口前自转逆缠，经下颏斜向左或右以手领肘，以肘领肩上转，转到中指的高度齐眼，立刻松肩沉肘手变顺缠，经外下弧线将肘收贴肋部，然后前臂和手随身旋转，回到胸前，恰好转了一圈。这个圈的形状如同鸡蛋的小头在内，大头在外，手指却要斜向上扬，不许下垂。陈鑫说："两手均以中心为界，左右的每一只手各管半个身体。"手的过程，外开则高不过眼，内收则低不过脐，从脐上转到胸前，如云手的左右手法。左右反旋的顺逆自转，也是只有两次变化，即手变顺缠，由外向内收时，肘尖必须走里上弧线收转到乳房，然后变逆缠将肘收贴肋部，手转到心口前，再以手领肘以肘领肩，经胯部内侧斜向左或右方上转，至齐眼为一圈。这个圈如鸡蛋的小头高而在外，大头低而在内，十字手便是这种手法。

前后旋多数采用反旋，如搂膝拗步、倒卷肱等式，它的顺逆变化就比左右旋转的变化多了一倍。一般是手由前方内收时是顺缠，沉肘贴肋，手经过心口，立变逆缠，经胯旁向后转出。转到后外斜角，便将肘收贴肋旁变为顺缠，手转到耳后，其自转缠法为贴腮前变顺或逆缠向正前方下转，高齐下颏，或齐胸口。但缠法变化每式也不同，甚至前后一圈中，顺逆互变至五六次之多，只可在练拳时细加体会。

上下圈只有金鸡独立左右各二，别式少用。此式上手应在百会穴，手心逆缠上托，下手逆缠按在胯部外侧。总之，陈式前后手的配合，要求前正（在心口前）后斜（在左、右胯外侧），独立式则上正、下斜。这样交错运动使手足配合得当，而不致双重。

问：两手顺逆配合有几种？

答：一般为一顺一逆，或双顺、双逆。一顺一逆则右顺左逆，或左顺右逆，如捣碓就是两手走同一方向的。双顺、双逆有相对的下开而上合，如十字手；也有相对由上开而下合的，如左右插脚；有斜着逆缠对开的，如白鹤亮翅；也有斜着顺缠对开的，如二路撇身捶。还有双顺、双逆走同一轨道的，如六封四闭、双推手的四、五两个动作。

问：手的着法有哪些？怎样变化？

答：太极十三式为：掤、捋、挤、按、採、挒、肘、靠、前进、后退、左顾、右盼、中定。中定的规律，陈式是重心的随遇平衡。左顾、右盼主要属于眼法。前进、后退主要属于步法。前文已概括介绍。掤、捋、挤、按、采、挒、肘、靠八法，则专指手部三节（肩、肘、手）的着法。

讲掤字有两个含意。一为掤劲，即缠丝劲，是贯穿周身的。手的八法都须有掤劲，若无掤劲，便是有形无质。二为掤法，在拳式中的第一动作或转折之处，或顺或逆都属掤法。因为双方交手必然先接触，所以接着便为掤法。陈式的掤法有多种多样。有前掤（如捣碓第一动作）、引掤（如同式第二动作）、侧掤（如左转捣碓第一动作为左侧掤，右转捣碓第一动作为右侧掤）、平掤（如六封四闭第一动作）、进掤（如小擒打第一动作）、退掤（如初收）、正掤（仍如捣碓第一动作）、反掤（如二起脚、抱头推山第一动作，因对方从背后袭击，所以称为反掤）、下掤（如拦擦衣第一动作）、上掤（如二起脚第二动作）等多至数十种，此处仅举大概，统不外乎陈鑫所讲口诀"直来横拨，横来捧压"的原则而因敌变化。

捋、采、挒都是随对方来劲的方向而向自己的身体的左、右两方引进落空的手法。捋、挒都是顺缠接对方的手腕（右手来，右手迎；左手来，左手迎），左手引缠则肘贴左肋，手贴心口，右手搭在对方的左肘关节外上侧，走下塌外碾劲，以左手用合力引进，右手用分力使它落空（如六封四闭第三动作是左捋法，闪通背第二动作是右捋法）。挒法比捋的圈略小，但捋时前手高，挒则前手低，如倒卷肱左、右退步时的手法（挒的前手由于下塌的劲大，容易伤及对方反关节，不可轻试）。

采法虽和捋、挒同类，但接手后即走逆缠，而且向高处引进，另手以顺逆反旋配合而动，较之捋、挒不但圈子放大，走合力的过程较多（如金刚捣碓第三动作为进左步的双右采，白鹤亮翅为退右步的右采左按），所以初学推手，往往用采法引进对方的手腕。

挤、按都是随化对方的来劲而反击的手法。手背向人为挤，手心向人为按。挤可用逆缠，如搂膝拗步第三动作的左手；也可用顺缠，如第一高探马第五动作的右手。双按法可用逆缠。它的方向约有数种，双按如六封四闭、双推手、抱头推山最后动作，方向较平。向下单按，如闪通背第六动作的左手方向偏下用逆缠。金鸡独立的手虽是上托，也属顺缠变逆缠按法。向前下方进按则用顺缠，如第一捣碓第四动作的右手是配合左手的前挤同时而发的。

肘是双方距离较近的着法，陈式分拗拦、顺拦、连环肘等。拗拦系右肘前发，而右步在后；顺拦系右肘与右步方向一致的；连环肘是先右后左地向身之右、左后方交替而发，如二路手肘式（《陈式太极拳》名兽头势）。背折肘如掩手肱捶、高探马的左肘，全有攻击背后有人搂腰的作用。但应注意，陈式拳步法总是配合手肘而先行占好部位的，所以发肘不许将肘突出肋外，手心仍须正对心口，否则易被推出。因肘部攻击的部位正当胸肋要害之处，推手禁用。

陈式靠法用于双方极为接近之际，有肩靠、背靠、胯靠、臀靠等法。肩靠又分肩部里侧、外侧。它是和肘、手三节连环而发的，可由挤、肘变靠，也可由靠变肘、挤。七寸靠用肩部上方攻击对方小腹。因早期陈式庇身捶第二动作系右腿贴地而进，肩部随腰的弯度向右前下转，经右膝内侧离地只有七寸而取的式名，今已无人能练。附记于此，以见陈式太极对腰腿功夫不是不讲求的。背靠，有人从背后搂腰时用之，背折靠也是如此。胯靠在进步为衬法，时常用于破坏对方的平衡。臀靠如第二闪通背第六动作将对方背起转跌于面前，如穿地龙用右腿及臀部压制从背后搂腰的对方腿部。凡此种着法，一般推手竞技中已用不着，不过介绍陈式的一些知识而已。

问：怎样才能懂劲？

答：懂劲就是懂得怎样随着对方的着法劲路，而适当地变自己的眼、身、步、手的方向。总以松圆为主，又要将拳式中的每个动作练到十分正确、十分纯熟，自能得心应手。陈鑫说："周身上下都是拳，挨着何处何处击。"又说："我亦不知玄又玄。"也正如王宗岳所说："由着熟而渐悟懂劲。"我认为，应当在学拳式子时，首先讲明某一动作是什么着法，并了解它为什么转变，做到"练拳时无人若有人"，才能在"交手时有人若无人"。

问：陈式呼吸怎样配合？怎样行气？

答：陈发科师一贯主张自然呼吸。他说："只要外形做得顺遂，内气自然通畅。"所以只讲调气而不讲运气。勉强以呼吸配合动作，有意识地运气，弄不好反而憋气，影响健康。

二、太极拳基本规律——明三节

　　武术中早就有一句话："三节不明，终身是空。"陈鑫讲三节最为明析。以躯干而论，从外形讲，则足为根节，身为中节，头为梢节；从内劲讲，则头为根节，腰为中节，足为梢节；以手臂论，则肩为根节，肘为中节，手为梢节；以下肢论，则胯为根节，膝为中节，足为梢节。

　　明三节的意义，应是叫人明了三节。在武术中如何配合变化运用，在技击上如何认识某一动作以哪节为主，不是单纯地知道何处为什么节就算明了。所以习拳者必须既知三节的部位，更须明了三节的配合变化运用之法。

　　在拳架中，又称躯干的三节为上、中、下三盘。从头到项为上盘；从项以下至腰为中盘；从脐下至足为下盘。

　　我们先介绍上盘的基本规律。

　　头：头顶百会穴应虚而上领，如用一条绳子从这里向上悬起似的。所以拳论说："虚领顶劲。"十三势行功总歌又说："满身轻利顶头悬。"

　　眼：主观察敌情及地面形势。所以，武术界常说："眼是先行官。"我们在生活中，不论取什么物件，或者走路，必然用眼先看准方向、目标，然后行动。陈鑫说："练拳时，无人若有人。"因为拳的作用以攻、防为主，练拳时也应有假设敌人。太极十三势"左顾右盼"之语，有人解为"左为顾、右为盼"，未免太笼统了。实则是左顾的同时便有右盼。眼看的面积不过150°左右。左顾之点为实，右盼之面为虚，不须转睛，便又从右眼角看到右方。世人总是随手转换眼的方向，连陈鑫也曾说："眼随手运。"我认为这是不合实际需要的。我们练拳以假设对手的方向为主。由于头顶要正，眼亦应平视前方，不可低头、仰头来观看别处。

　　耳：陈鑫主张耳听身后，以防背后有人袭击。只要心静，必然耳聪。

　　鼻：主呼吸。陈式要求自然而深细匀长的呼吸。

舌：口应自然合住，舌要平贴上颚，则口中不干，也不出口水。有人主张舌尖轻抵上颚，将口中津液咽下，不合练拳实际。

面容应自然严肃。陈鑫说为："秀如处女，落落大方。"

项：应随顶劲之上领，向上竖直。太极拳术语叫做"拔背"。拔是向上拔；有的人解作"向后拔"，是不对的。

下颏：应微向内收。内收则项自然竖起，以保持百会穴的中正。

以上各条，总称为"顶劲"。

中盘，从项以下至脐部为中盘，称为"腰劲"，分脊、胸、腰三部分。

脊：应随顶劲的上领将脊骨竖直，不可倒塌。

胸：应自然中正，术语称为"含胸"或"涵胸"。陈鑫主张"如悬钟磬"。这是说胸腔空圆，使脏腑舒适。既不挺胸，也不内凹。

腰：腰是全体上下的关键。它主管身体旋转，带动下肢，并推动手臂的一个转轴，所以拳论有"腰为车轴"之句。练拳时，腰的转动角度，一般以45°为宜，超过45°时，必须以足的摆扣，或变转步法的进退以配合平衡，所以拳论又要求"步随身换"。

腰的动作是螺旋转动的，应有一定界限，而且柔而有力。

下盘有尾骨、小腹、裆、胯、膝、小腿、小腿腕及足。

尾骨与小腹：陈鑫主张从长强穴（在尾骨下端）应微向后翻约15°。这和一般太极拳要求的臀部内敛不同，也可以说是陈式与其他太极拳的根本区别。太极拳要求气沉丹田，只有尾骨略向后翻，才能自然做到气沉丹田。因为尾骨后翻，则小腹下部自然斜向内收，气亦自然松沉下去。从力学讲，重心降低可以加强躯干的稳度。

裆：裆随尾骨之后翻而旋转下塌，则自然开圆。

胯：当下蹲胯时，胯应下塌，与地面约成45°倾角，高于膝部。因尾骨后翻则大腿根的大筋自然松开。

膝：应略向内合。一般常说："裆要开圆，又要合住。"开合二字的矛盾，不免使人难解，实际应说为合膝，则自然明白。

小腿：通常应向下、向内侧斜着站立。

小腿腕：应有力而灵活。

足：分虚实（轻重）踏地平稳有力。

肩、肘、手法的基本规律：

肩、肘、手是躯干三节之外的又一三节。它可以上、中、下各方活动，也是应付各种事物较为灵活的器官。陈式太极拳手的变化最为复杂，甚至连指头转动一下，也可以败中取胜。今介绍它们的顺逆缠法及基本规律要求。

肩：要松。陈鑫说："两臂如挂肩上。"可见松的程度。习太极者通常说为松肩沉肘，这是合理的。不过近年来，有人在市上购的抄本，认为是名人遗物，遂照这个抄本讲的"沉肩坠肘"，当作不传之秘来广为流传。不知沉的动作是向下方的。肩长在上方，如何"沉"法？但当解释"沉"法时，仍说是要松。

我看到这个抄本，封面上写着"赠郝和"，字甚工整，而文多错字。如十三势行功总歌中"十三总势莫轻视"误"视"为"识"；"功夫无息法自修"误"修"为"休"。所以我断定抄者不懂太极拳，因此松肩也误为"沉肩"了。

肘："肘在屈使"是武术界众所周知的。肘在陈式太极有多种用法，如拗拦肘、顺拦肘、背折肘、连环肘等。它的发劲方向一般向左、右、后、下四方，没有向上打的。缠法顺逆都有。

（1）拗拦肘之一：以左手引住对方左手，从右前上斜角向左前方牵引，以右肘关节外下侧顺缠打在对方左肘关节外上侧。如陈式二路第二拗拦肘第二动作。

（2）拗拦肘之二：以右手引住对方左手，以右肘关节外上侧逆缠打在对方左肘关节外下侧。如陈式二路飞步拗拦肘第二动作。

（3）顺拦肘：以右手向左上引进对方双手，而后进步于对方裆内，以右肘关节前端逆缠攻击对方胸肋部。如陈式二路顺拦肘第二动作。

拳：以小指领无名指、中指、食指，依次合于掌心，拇指斜扣于中指之上。虽不用力握紧，却是螺旋形而实心的。发劲有顺缠、逆缠之分，方向有左、右、上、中、下之别。

（4）顺缠拳：如一路猿猴献果之为右拳；又如二路猿猴献果之为左拳。

（5）双顺缠下打的拳：如二路下双撞捶。

（6）逆缠平打的拳：如掩手肱捶末动作。

（7）逆缠下打的拳：如下掩手肱捶末动作。

掌：顺缠的掌，不论开合都是以肘推动或带动的。逆缠掌以手领肘、肘领肩为准。

（8）顺缠掌收法：右掌从下向前收时，应沉肘微屈，中指斜向前扬，高齐心口，如金刚捣碓第四动作。当前习陈式的这一动作，都手指向下，说是撩阴，其实是错误的。

（9）顺缠掌开法：右掌从右上斜角斜向前开，应中指斜扬向右前上斜角，如陈式第一高探马末一动作。

（10）逆缠掌的上开法：右掌心侧向右外下斜角，手高齐眼，中指斜扬向左前上斜角，如白鹤亮翅末一动作。

（11）逆缠掌的下后开法：左或右手都是转到心口后，掌心斜向右或左外下斜角，中指扬向右或左前上斜角，如倒卷肱的左或右掌。

勾手：陈式的勾手系将五指捏住，如捏起小果之状。但应注意是走手指斜向下勾，不可使手腕向下折成90°。陈鑫说："手把要灵，不要软。"勾手的作用，一为以手打穴；二为防人折我手指。勾手有左右两种。

（12）右勾：如单鞭的右手。

（13）左勾：如搂膝拗步的左手。

三、太极拳的步型

陈式太极拳的步型多变，共分六大类，即马、虚、仆、弓、盘、独。其每一类中，又有左、右、大、小、侧、半之分。兹详细介绍如下。

1. 马步

称作"马步"，系骑马蹲裆之简称。内分小正马步、大正马步、左侧马步、右侧马步、半马步及内外八字马步。

（1）小正马步：两足横开一肩宽，足尖向正前方，两膝略内扣，裆略高于膝。蹲时尾骨长强穴（在尾骨下端，略向后翻约15°），裆应略高于膝，蹲裆与膝平则劲不活，低于膝则劲散，如金刚捣碓末一动作。

（2）大正马步：两足相距约两肩宽。余同小正马步。

（3）左侧马步：将大正马步的两足尖，随身的左转，左足尖外摆45°，右足尖内扣45°，如小擒打末一动作。

（4）右侧马步：大正马步随身之右转，将右足尖外摆 45°，左足尖内扣45°，如抱头推山末一动作。

（5）半马步：将左（右）侧马步的前足、膝略放松半弓，如当门炮第二动作，为左半马步；前蹚拗步第三动作，为右半马步。此种步法系对方将腿插进我方裆内，或我将前腿插进对方裆内之用。这是由于对方相距过近，如用侧马步化劲或发劲时变转不灵。

（6）内八字马步：从侧马步将前足内扣，如闪通背第六动作的左足内扣，足尖向内。

（7）外八字马步：将马步两足均向外摆一些，如六封四闭第四动作。

2. 虚步

分左前、右前及左后、右后四种。陈式的虚步，只有轻重的区别，没有纯虚、纯实的。拳论有"虚非全然无力，实非全然佔煞"之说。陈鑫也说："虚足要大脚趾用力，如扎入地中。"但陈发科师教导的前虚步是足底全部着地，而不是足尖点地；后虚步可以用足尖虚虚点地。我在练习中体会出，从小正马步将前足尖外摆，即前虚步。后虚步则是从别的步型前足前进，后足跟进，尚未落定之姿态式。

（1）左前虚步：右足实而左足轻，如白鹤亮翅第二动作。

（2）右前虚步：左足实而右足轻，如金刚捣碓第五动作。

（3）左后虚步：右足在前踏实，左足在后较轻，如六封四闭末一动作。

（4）右后虚步：左足在前踏实，右足在后点住，如再收第一动作。

3. 仆步

陈式太极拳凡前进步法，必是后膝塌好，前足尖斜向内扣，以足踵贴地前进。进到适当部位，踏落足尖。裆劲走下弧线随身转进。但仆步有大、中、小之分。进尺许之步，后腿踏好，前腿可走高架；走二尺宽之步，则仆中型；走三尺宽之步，则仆大型。其法系使腿肚贴地而进，如跌岔的步法即是。陈发科师教导我说，从前正规练法，不论什么步，都要求腿肚贴地而进。我如法只练了一年，实在太累，因又发懒而停止了。今先介绍大、中型仆步。

（1）大型仆步：为三尺宽。先后膝屈住，塌好裆劲，足尖外摆90°，前足以足踵贴地向正前方迈进。进到一半，即以腿肚贴地而进，进到适当部位，即将后膝向内塌下，离地寸许。臀部似欲坐地，离地约二寸许而住，如跌岔第二动作。

（2）中型左仆步：约二尺宽。右膝弓住塌劲，前足踵贴地前进如上，只是腿肚不贴地，如金刚捣碓第三动作。

（3）中型右仆步：约二尺宽。左膝弓住塌劲，右足踵贴地前进，如拦擦衣第三动作。

4. 盘步

盘步是步法转换时的衔接动作。所谓"进退必须转换"的换劲前改变方向的过程必须有左、右、大、小之分。小盘步的练法，系先将前足尖外摆，后足以足尖为轴，将足踵向外拧转。大盘步则后足踏地，松沉裆劲。

（1）左小盘步：左足在前，后足相距一肩宽，如搂膝拗步第二动作。

（2）右小盘步：右足在前，两足相距一肩宽，如金刚捣碓第二动作。

（3）左大盘步：左足在前，两足相距二尺余宽，如左转身捣碓第三动作。

（4）右大盘步：右足在前，如斜行拗步第四动作。

5. 弓蹬步

因前膝弓住，后腿蹬开，故名"弓蹬步"。也有人叫作"弓箭步"。陈式的弓蹬步，前膝应与足踵略齐而向内略扣。因为不是直线前进，而是随身之左右旋转而带动后足尖转向跟前足尖成为45°的方向。但陈式弓步要求后腿弯略松，不许绷直，裆内大筋更须松开，才能易于转换。弓步分左、右两式。但在推手时不用这种步法，因易犯双重之病。

（1）左弓蹬步：左膝弓而右腿蹬，如单鞭末一动作。

（2）右弓蹬步：右膝弓而左腿蹬，如拦擦衣末一动作。

6. 独立步

一足下踏，一足提膝，高与裆平，为独立步。分左右两式。金刚捣碓震脚前、左右插脚踢前、左右蹬脚及旋风脚前都有独立姿势。唯金鸡独立为左右独立步标准。

左金鸡独立为左足下踏，膝略屈，右膝提与裆平，小腿垂直向下，足掌要平伸，如金鸡独立式。

陈式太极拳的步法变化非常复杂，也十分重要。所以陈鑫有"手到腿不到，发人不巧妙"之句。步法的变化是互相连贯的。如小正马步，前足尖外摆，即变为前虚步；将步放大前进，即为仆步；落下足尖，便成马步；蹬开后腿，便成了蹬步；改变方向，又必须采用盘步。武术界流传的"手眼身法步"，实即"手眼身步法"，不过造句奇特，独将"步"字置于后面，可能是欲使学者知道手眼身法，均以步法的适当与否为准。

四、太极拳的力与巧

在我们生活中，一切运动都离不开"动"与"静"二字。也就离不开

"力"与"巧"。力与巧虽然看似是对立的，实则互相依存，绝对不能孤立。武术以动为主，太极拳是武术项目的一种，武术离不开力与巧，太极拳当然也不能例外。由于力是素质，巧是方法，素质是天然的，虽然可以通过锻炼而有所增强，但因不同的体格条件，必然有不同的局限；方法是学来的，只要善于利用科学道理进行锻炼，即能出现不同的奇迹。武术界早就流传两句话："一力降十会""一巧破千斤"。这种说法，是否符合现实？应当承认都是对的。但，我们也应该辩证地分析这个问题。所谓以力降十会者，不一定没有巧的方法；所谓以巧破千斤者，也不可能没有力的配合，大概说来，力与巧在每个人的方面，总不免因体质和学力不同，而各有所偏。力大者能胜巧而力小者，巧精者又能胜力大而拙者。如果双方力巧相等，则对抗多成和局。各太极拳都主张"四两拨千斤"，就是用科学的"巧"来制胜力的，但仍然离不开力的作用。所谓"四两"不过极言其用力的少，并非仅仅只有四两的力。

从社会上习拳概况看来，约分两类。除太极拳外，多数偏重于练力。但习太极拳者，却往往在文字上，口头上总是以"柔"当先，甚至某太极权威者提出"一柔到底"的要求。但他写的刊物讲到推手，却把掤、捋、挤、按等法都说为："用力"如何如何，实际上近年太极拳推手比赛会上，常见参加推手的运动员们只多用力对抗，而缺乏技巧。究竟什么原因导致这些不合太极拳理法的矛盾呢？

根据我从学拳之初以及三十多年教拳的体会。其矛盾的原因可能是多方面的。首先是太极拳的理论和运动方法，特别是陈式的方法过于高深而复杂，不易为心粗气浮者所理解、掌握。因而有些文人写出许多文章帮助学拳者加强理解，这本来是有益的事，但由于著者的认识不同、功夫的深浅不同，所以写作的方法、词句讲得也有差异。我通过学习认为：王宗岳所著《太极拳论》对拳的理、法及练功、技击等讲得最为扼要深刻，无名氏的《十三势行功总歌》《打手歌》及武禹襄所写《十三势行功心解》也讲得正确。再就是陈鑫所著《陈氏太极拳图说》讲得较为详尽，他不是单纯讲拳的理法，而是讲了全部一路练法，遗憾的是未讲陈式二路炮捶。可贵之处则是他明确地指出："太极拳，缠法也。"并说明缠法是螺旋形运动，这就为我们研究陈式拳法者指明了方向。此后杨、武、吴、孙各式也先后出版讲解其本门派的理论和练架方法，著者都煞费苦心地宣传了本门套路，也给爱好者以学习、研究的丰富资料，我们应该首先肯定他们的成绩，不过由于每个人的知识水平、功夫水平不同，所以不免瑕瑜互见，各有其优点，也各有其缺点，全在读者善于批判接受而去伪存真。

例如：《杨式太极拳》的特点有"太极十要"，第一条为"虚灵顶劲"，把王宗岳《太极拳论》的"虚领顶劲"的"领"字改成"灵"字，是否合理？另条"虚实分明"采取武禹襄拳论中讲虚实原文中头一句"虚实易分清楚"，把第二、三句的"一处有一处虚实，处处总此一虚实"略去，遂使后来学太极拳者将虚实孤立起来，对立而不统一。甚至影响到《陈式太极拳》的作者，竟说为："重心全部移于某腿"，以表示虚实分明。实则违反拳论"立如平准，腰似车轴"的原则，因为在力学上支点是不应移动的。《武式太极拳》要求"小腹将丹田向上托起来"，岂不又与"气沉丹田"相矛盾？徐致一著《吴式太极拳》说："应当一柔到底"，后讲推手又说掤捋挤按等，应当如何用力，不但使读者莫知所从，而且前后自相矛盾。至于说："大喝一声，使对方随势倒地"云云，更使人莫测高深。《孙式太极拳》着重讲开合，基本是对的。陈鑫也说过："此拳用开合二字，便以尽之"。但开合要以螺旋形来开合，不是直线的相对而开，又相对而合。陈鑫是陈氏十六代后裔，武家嫡传，又有文化，但著作所说的"丹田气一分五处"，下文却说分为四处，还有一处的气是留在何处了？按生理状况、按文字逻辑，都十分费解。眼是观察器官，也有人说眼为先锋，应是对的。陈鑫说"眼随手运"同样不合实际运动的需要。

但是，那几篇典型文字对力、巧二字，只讲了原则如：《太极拳论》说的显非力胜，快何能为；分别自然之能的力与巧提出"学力"和"默识揣摩"及"用力之久""愈练愈精"的学习方法，在讲力与巧的结合方法时，文中提出"双重之病"，说："欲避此病，须知阴阳，阴不离阳，阳不离阴，阴阳相济，方为懂劲。"我们虽然能理解阴阳是代表力与巧的虚实、刚

17

柔等，但仍难体会怎样像阴阳互不分离而达到相济，怎么做到这个要求，为什么做到这样就能避免双重之病？究竟什么是双重？双重的"双"到底在哪里呢？后来，我细细寻译原文的每一个句子，终于体会出"左重则左虚，右沉则右杳"的"左和左，右和右"，原来句子的前边的左右是讲手部的力，句子后边的左右是讲步法配合的巧，也就是左手实则左足虚，右手实则右足虚。上下不同实则避免双重。又从陈鑫所说的陈式招法攻人如同上螺丝钉那样，不能硬拔出去这句话，才从螺丝钉的进退，体会到阴阳相济的方法，也就是力、巧相结合的方法。螺丝钉的纹有凸有凹，又是随曲就伸的，纹虽是弧线而钉却是直而硬的，凹处便为阴、为虚，凸处便为阳、为实。当螺丝钉向左旋转时，右方的上边必然逐渐向上转动变为向左，为收为虚，左方的下边又必然同时向下转动，而向右上转，为发为实。在拳的自转动作，收为引进，发为反攻，方向虽然对立，时间却是统一的。我又推想到枪弹出膛和钻探机的作用，它们不但利用螺旋运动的形式，而且结合着时间的迅速。螺旋的旋转固然属于技巧，旋转的迅速更是有赖于力的加强。古人论射箭，有的说："其至尔力也，其中非而力也。"意思是说明力虽然能使箭射到靶子，但无巧却不能射中，让人重视巧的方法。又说："强弩之末，不能穿鲁缟。"意思是说强弩之强，在于力大，虽射而能中，却已力竭反而穿不透一层薄绸子，又让人重视力的作用，可见巧与力必须结合。

我们从世界上各种事物的运动观察，可以认识到力与巧是同等重要的，是相辅相成的，不能孤立的，太极拳运动当然也是如此。可以说力等于造机器的原料——钢铁，巧等于把钢铁造成零件，零件必须制造得合乎规矩、安装的松紧合度才能发挥它的作用，但机械之所以能动，还是依靠热能或电力，同样证明巧、力必须结合，而力为动能。

人体本来就等于活机器，特别是陈式太极拳的全体配合运转，等于最精密的机器，却比机器更为灵活。主要由于它的变化确乎是太复杂了，它的变化从大的方向讲，不过左右、前后、上下6个方向，加上6个斜角可作为12个方向，但小的角度是随对方的动作而变化的，难以预定它为360°中的几度，这是因为太极拳是整体运动，一动无处不动的武术项目。全身有大的三节，肢体方面又各有它的三节，而且三节之中又可分为三节（陈鑫著作讲得最为详细），每节中能转动之处就有巧的作用，但也必有关节限制它动的范围，如同机器的大小轮子必然有轴似的，轴就有力的作用，由于身法的旋转方向、角度并非上下相同。例如：眼应看固定目标，在步法不变时，目光不许移动位置，步法将变动之前，眼法又先转向新的目标。头部非死板地不动，而是额角随身的转动而倾斜地做10°左右的旋转，胸部转动的角度一般为45°，而小腹则略超过45°。胸部如根据应敌需要超过90°，则前足必先向外摆90°以上，后足随腰之旋转而前进。例如：六封四闭，向左捋时胸部旋转只限于45°，左足外摆90°，右足塌劲不动，双推手则胸部须转到90°，而左足先外摆90°，右足继之内扣45°，并且需要右膝下垂，再提膝进步。陈式拳式动作的后膝向下松垂，等于磅秤的加砝，手部的左右进退旋转，等于拨动秤杆上的度数，同样是巧与力的结合。了解这一点，便可了解拳论中说的"无过不及"和"差之毫厘，谬以千里"的真意。

我们常常看到不少有关太极拳的书籍，讲太极拳总是强调"用意不用力"。原则虽是对的，但应向学者讲明：意是理想，不是空洞的意。学太极拳应有合乎太极拳理法的意念，以指挥肢体按太极拳套路的法来进行学习锻炼、掌握运用，而不用拙力。并且通过持久锻炼会产生合理合法的巧与力来，这就是缠丝劲，一般称为掤劲或内劲，练得纯熟，功夫上身，即全身都有了缠丝劲，推手时自然同机械似的，一开动便能因敌变化，这是由于双方动作变化可以快到一秒的百分之几，是来不及用意的。有人说：利用皮肤感觉的灵敏，探知对方来力的动向，而制定出应对的方法，理解不错，可惜时间不会允许"探知""制定"。

也有某些著者，由于误解古人讲的"用意不用力""显非力胜""快何能为"，便说为：太极拳能够"以慢胜快"等语，以显示太极拳的玄妙，又误解"意气君来骨肉臣"之句，甚至说："彼力才挨我皮肤，我意已入彼骨里""彼力才挨我皮肤，我气已入彼皮里膜外之间"。又有四字诀："敷、盖、对、吞"，解以纯以气言，非功夫深者不能知。我不懂气功，也承认它是一种难练的而有益于人的一种功夫，但太极拳毕竟和气功不同，气功要意

19

守丹田，太极拳则意在拳中动作的缠法，把意气讲得神乎其神，几乎将太极拳的科学理法变成唯心的玄学。我也听到有人说自己的拳式为重意不重形，以自炫奇特。其实在生活上，虽然饮食行动都受意识支配，但如果没有形体上的配合，意中虽渴而思饮，水总不会随意而来。尽管有些人迷信"意、气"，在表演推手中双方不接触，距离数尺，一将便使人向前跑十余步而后倾倒，一按则使人向后退若干步而后仰跌，或者用手合在对方肩上距离尺许，下按则对方随之一蹲，抬手则对方随之一跃。我虽亲眼看到某些表演却莫名其妙，群众可能同样怀疑，而来信质问。主持人来信问我怎样解答，我答：我没有练出这样功夫，应当请表演者作解答，最好的办法是，做试验。

当前一切大事都提倡实事求是，而进行合理的改革，这是革命前进的必由之路。我认为：我们研究太极拳的理法，也应遵循这一道路前进。特别是陈式太极拳这个传统套路已为国内外爱好者所重视，应当以科学的方法传播推广，首先在人类的健康事业方面，作出较大的贡献。讲到技击则应从太极拳特别是陈式理法上细心研究，以求巧于用力，而避免唯心之论，以免贻误后学，贻笑国际友人。

洪均生
一九八六年三月

五、太极拳的科学原理和科学练法

凡是适应生活、符合客观事物规律的必然符合科学。方法是万变的，而原理是不能变的。方法的变，是因人、因事、因地而变，但仍合乎原理，也可以说，合乎需要的。陈式太极拳虽然世传已久，但至十六代陈鑫先生才总结出此拳的科学原理和方法，提出"太极拳，缠法也……"，并加重语气说："不明此，即不明拳。"陈鑫先生说的缠法，就是螺旋运动形式，通过螺旋形式，周身渐渐练出一种缠丝劲来。这种劲是刚柔相济的，也就是王宗岳在《太极拳论》中说的"阴不离阳，阳不离阴，阴阳相济"的劲。这种劲，在生理方面能使全身关节、肌肉束、各个细胞一动无有不动，甚至内脏也随着躯干的左右转动而发生自我按摩的功用。日久天长，人体由于气血循环通畅，自然得到健康。在技击方面，由于变转灵敏，对方来力挨我何处，我随其方向略一转动，便可化开。这就是太极拳要求的引进落空。当转动时，因为走的是螺旋圆形，这半边随化，另一边必然转过来，自然形成柔化刚发。假设动作慢时，转到圆周四分之一，便可生效。功夫越深，速度越快，略一旋转，便能化、发同时发生作用。所以太极拳又要求由大圈而小圈，由小圈而无圈。大圈小圈是自转配合公转，无圈则是只用自转。

当年陈福生老师教拳，经常说学拳有三个阶段：一是照着规矩把基本动作学对；二是照着规矩把套路练熟；三是从熟悉规矩、细找规矩到详明这些规矩是为什么、有什么用，哪些规矩适用于眼、身、步、手，以配合掤、捋、挤、按、采、挒、肘、靠及进、退、顾、盼、定的着法变化，并加以互相试验。他说，学拳者不但要将拳理明了于心中，还要将拳法练到全身；不但要知其然，还要知其所以然，才不至枉费功夫而有所成就。还说，成就的大小，全看用功的深浅。武术功夫不能不劳而获。下一分功夫，有一分成就；下的功夫和我一样，则成就会和我相等。假如下的功夫超过了我，其成就也会超过我。陈鑫有诗云："空谈皆涨墨，实运是真诠。"可见前辈教学一种技艺，都以坚持实践为进步的不二法门。

陈师教我们，虽然说分为三个阶段，却每句话总有叫"照着规矩"几个字，使学者重视规矩。陈师教人，首先从每一动作的姿势入手，其次则注意手和手、足和足，以至手和足及全身配合变化的规律，要求非常严格。常常打比方说，初学要慢练，如学写字，先要求点画正确，再讲每个字的笔画配合，然后才讲到章法。

陈师还经常说，只要有人来学，我恨不得钻进他的肚子里，一下子让他们学会学好。可是做不到，因为教人只能是给人领路，不能代替人走路。所以任何艺术名家的子孙，只能有优先继承的条件，而无继承权。艺术的形式是学得像，功夫的成就是学得纯。不像物质金钱，可以随便赠人，子孙有当然的继承权。

我自从1930年从陈师学拳，1944年迁至济南，1956年春赴北京再求师教。我师告以：这套拳没有一个动作是空的，都是有用的着法。每天将拳中动作统一讲解，互相试验。不但讲了用法，又讲了解法，我这才能对陈式太极拳略能领悟。这样复习，从3月至6月，因事离京。行前向师请准：可以按实用法传拳。因此，返济后改变初学动作，并和同志们共同试验，凡是合乎基本规律的必胜。总结我学习陈式太极拳五十余年的经验，有如下几点体会：

（1）陈式太极拳的理、法，都是对立而统一的。有形的方面是：动静、开合、大小、进退等。劲力方面是：虚实、刚柔、化打等。凡此种种，当静止时，是对立的；在运动时，则是既对立而又统一的。

例如，第一金刚捣碓的动作之一，是目视前方，身略向左转，而两手从肋旁一高一低、一前一后向正前转出，眼、身、步、手的方向是对立的；动作的时间是统一的；着法的目标为掤接前方来手，也是统一的。内劲和着法的配合为：右手以顺缠接掤对方手腕，左手以逆缠迎搭对方肘关节上侧，缠法是对立的，时间和掤法又是统一的。整个套路的所有动作，都是在螺旋运动的缠法中完成的。但螺旋变转的角度又是处处对立的。技击的作用，都是要求我顺人背、化打同施的。一路四个金刚捣碓，式名虽同，而练法着法各有变化，也是对立而统一的。

（2）缠法是陈式太极拳的主要规律，必须在每个动作中严格掌握。但学得要细到一丝不苟，用时要活，角度的加减与速度的配合，要因敌而变，毫厘不差。所以陈鑫说："守规矩而不泥于规矩。"

（3）要照着规矩从练对的基础上，练到纯熟，但应随着身体强弱、年龄大小而区别练拳趟数和运动量的大小，总以自然为主，不可勉强支撑。内劲的出现是在日积月累正规锻炼中自然产生的。

陈师教人只讲松圆，要求从全体放松中求圆。陈式太极拳的圆，不但是太极图外线的弧形，而且变转方向时要是反"S"或正"S"的圆。这是因为圆的弧线是点、线组成的。点为刚而弧线为柔所说的"方圆相生"，实际就是点线相生，在运动中便为刚柔相济。所以陈师教人总说松圆，而不说松柔，更不讲弹抖。因机轮转得再快，也不会弹抖。讲到有形的规矩，是习太极者皆知的，如"虚领顶劲，气沉丹田，不偏不倚，忽隐忽现"，及"左重则左虚，右重则右杳"等术语，也要正确领会其动作配合方法。这些术语表面上是有共性的，在实践中却又各有其特性。例如"虚领顶劲"，我们认为，"顶劲"是指头顶百会穴的劲要虚向上领，所以十三势总歌说："满身轻利顶头悬。"陈鑫解为如同用绳子从百会穴向上悬起来；杨澄甫则将领字换成"灵"字；顾留馨则说如头顶一种轻物；也有人说是虚、灵、顶三个劲。气沉丹田的气，陈式太极拳是由于尾骨长强穴的微向后翻而自然下沉。王矫宇的语录说，练裆劲如欲大便状。有不少人则要求有意沉气，或说："动作配合呼吸，吸气则丹田气上升至胃，而胃部鼓起；呼气则胃气又下降至丹田，而小腹鼓起。"并介绍所谓的"腹式逆呼法"。但陈师从来主张自然呼吸，调气而不运气。曾有人来信问我关于丹田与胃气能否相通，我向中西医学老人请教，都答以丹田与胃不可能有气的往来。我不懂生理学，对此莫测高深，因而无从答复。

　　松肩沉肘也是共性规律，实系劳动生活的规律。我认为陈式太极拳的一切规律都与生活规律一致。但当前部分习陈式太极拳者，在理论上则讲腹式呼吸，讲意、讲气的所谓"意气运动"；在动作上则讲"沉肩坠肘"。肩生在上方怎能下沉？陈师主张"肘不离肋"，即使手向外开，肘尖只向下垂，低于肩部约五六寸，以保护胸肋要害之处。有人却说为"肘不贴肋"，这是不是陈式太极所主张的，也是莫测高深。"左重则左虚，右沉则右杳"之句，本是讲手足上下不许全实，以解决双重的方法。许多有关太极拳的文字，则只解此句为推手不顶的方法。或说马步为双重。至于陈师常说的"下塌外碾"，原是讲手法的，有的著作将之移用于足部，虽亦可通，而陈师常讲的"左手来，左手迎；右手来，右手迎""前发后塌"及"直来横拨""横来捧压"等口诀，却很少有人介绍。

　　我由爱陈师而爱我师后人，更爱陈式太极拳这一宝贵文化遗产，如抱着"明知不对少说为佳"的观点，就不是对我师的爱戴了，因写文详述陈师所教有关陈式太极拳的规矩，以供参考。

六、怎样认识太极拳和怎样进行练习

一般人练太极拳习惯于缓慢和不发劲，乍见陈家沟与我们所练的拳感到惊疑，以为这是外家拳。也有认为这种拳动作快而有发劲感到兴趣的（多数是青年人），一入手就从快和发劲方面注意，练得不圆，也真成了外家拳（外家拳我虽然没学过，但我相信也是不用拙力、直劲的），就走错了路。

我们先分析慢字。慢是用功的手段、方法，而不是目的。初学时一定要慢，不慢则紧张而不能松。必须先慢练，周身松开，处处动作中找圆圈，怎样公转，怎样自转，公转自转怎样配合，不慢则找不细致。所以，慢则是为了找运动规律，不圆而慢则处处是滞劲，不圆而松则处处懈怠。比如刚学写字，也是要求慢，用意是在于不可潦草，必须了解用笔的方法，怎样顿、怎样提，怎么转折，并不是以慢为好。假设说练拳越慢者功夫越深，等于写字越写越慢，那还怎么运用呢？

而且刚学时，气易上浮，精神紧张，动作快了，气更不沉，这对身体也有影响的。所以初练拳时要求慢，不过慢得有限度，平均一趟拳约以十几分钟为度，最快也不少于八分钟。

初学时不可贪多，要一式一动地把大轮廓记清了，走对了，再学新的。以后还得特别注意小的动作和两式衔接处的小圆圈。拳经说"得势争来脉，出奇在转关"，这是紧要关头，也是拳的妙处。

在初学时，虚实变化配合不易掌握，特别是腿的虚实转变，慢练是有好处的，可以体会清楚，并且能加强腿的支持力量。

头趟拳如金刚捣碓的右脚、金鸡独立的右脚、摆莲腿等全是脚上发劲，掩手肱拳、背折靠及二路的许多式子全是发劲。发劲是松开转圆地发，对内脏无丝毫影响，即对手脚发劲之点也毫无感觉才对。但初学时，可以先不发劲。二趟拳发劲处较多，尤其转身跳跃处较多，身转不圆则气用不调，所以必须头趟拳练有相当基础再学二趟。

原理规律全掌握了，就可以慢练，也可以快练，总是圆为主。能做到"慢而轻灵不滞，快而沉着不浮"就对了。慢而不滞须转换得恰当，快而沉着须转换得圆满。练架既可全趟地练，也可以拆开单式地练，特别是较难练的式子，更得拆开多练，以求深入体会，达到精熟。

我对练拳的方法拟定几个字。

（1）多听。必须多听教的人讲明原理和方法，即运动规律。

（2）多看。多看教师正确示范动作，教别人或改正姿势时，更要多看，使一切动作全印入脑中。

（3）多想。把听到看到的结合起来细想，哪是正确的，哪是错误的，如何纠正（悟）。

（4）多练。以上几点做到了而不能多练，心身就不能一致。

（5）多改。练拳随时会发生差误，应随时请人指点纠正。

（6）多试验。练熟架子，须多推手，或用散手功夫，可以证明动作是否与理论符合，以巩固会的，发展新的。

七、太极拳之推手

我们学练陈式太极拳用功的次序有三个，即练架、推手、散手。这三个阶段，应循序而进。现在着重介绍推手。

推手原称打手，陈家沟原名搋手。河南民间将两股线合为一处，名为搋线。推手时甲乙两方的手臂交互在一起缠绕运动，有似合线，因取名为搋手。至今陈鑫所著书中，尚有《搋手三十六病》一文。今则从世俗习惯，亦名之为推手。

（一）推手之八法

陈式推手，虽然与各太极拳流派同是根据太极十三式的次序以掤、捋、挤、按、採、挒、肘、靠作为手法，但手法的运用却绝不相同，步法亦截然不同。外形运动的不同，可以看得出来；内劲的运用，则必须真正内行方能试而后知。但这种功夫，还是从练架子正确、练得日久、将功夫练到身上，才能出现这样的成绩。有人说练太极拳不学推手，是得不到太极拳的奥秘的。我认为这句话本末颠倒了。我们学文化，如果字形、字音、字义学不好，而要求从写作文章中以求进步，是不可能的。至于说学推手应兼学摔跤或柔道，更是舍近求远了。

推手原是练架子有一定水平之后，通过推手以检验动作正确与否的一种功夫。《太极拳论》中说："由着熟而渐悟懂劲。"陈鑫也说："练拳时无人若有人。"这就是要求学者从练架时先求认明什么动作是什么着法，然后才能渐渐悟出怎样懂劲。练架子时如同有人和我交手，把不同的着法运用出来，如同学打乒乓球从严、从难、从实战出发的道理、方法是一样的。所以陈发科老师教拳一贯要求先将拳的每一动作和全身配合，做得正确、细致。现在我依次介绍手的八法。

1. 掤法

"掤"字在字典上另有音义。在拳法中可能因以木搭棚，能掩护物件，遂借用"掤"字，作为以手搭掤来掩护身体。陈式太极的"掤"有两种含义，广义的讲内劲，狭义的是讲着法。陈式的掤着，有多种不同动作，不同作用。凡是和对方接手的第一个动作及转折变化形式的动作，都是掤的着法，它并不是《陈式太极拳》一书所说的：只用顺缠向外接手，才为掤法。它是内外、左右、上下、斜正俱全，顺逆缠法因敌而变，难定一格。特别是当劲路转换时的小掤法，更为复杂而重要。不过初学推手的掤法，则是采用第一金刚捣碓第一动作的手法，右手顺缠前进，而左手逆缠为辅。

2. 捋法

原写作"擟"，中国字典上查不到这个"擟"字。在太极手法上习惯读为"吕"音，是否太极拳家假借"擟"字的音，作为一种着法名称？现在有些太极拳书刊或写为"捋"字。为便于学者易识，本书也统一写作"捋"。虽然其他拳种，如形意拳有"捋手之法"，我总认为"捋"和"擓"的劲不一样。在我们生活中，如手、腿扭了筋，往往让别人为之按摩，说为"吕一吕"；洗衣将干时，也用手平着"吕一吕"。可见生活也有这个动作和说法，只是不知道应当是哪个字。

陈式的捋法和一般太极拳不同。虽然都是引进对方来手的动作，陈式捋法则符合落空的要求。假设对方进手攻我，我以右手迎其右手，左手迎其左手，立将迎人的手变为后手，缠住对方腕部走顺缠，手心贴于心口，肘贴腰向里引进；前手搭在来手的肘关节外上侧，以顺缠下塌外碾的劲配合后手，这样就能达到"引进落空"的效果。但捋时眼应对着来人，身体的旋转只限于45°，过则丢劲。

捋的手部缠法为双顺缠。两手距离为一前臂宽。因捋时是后手缠引对方腕部，前手搭制对方肘关节外上侧，后手贴在心口前，前手高于后手，距离约尺许。后手虽也是顺缠，但手心应向心口，大拇指向外上旋，中指向外下转，无名指及小指则向里上转，这是顺缠的收法。前手以腕部制敌，顺缠时，沉肘下塌而以腕部向外碾转，手心斜向内上方，中指扬向外上方，对准对方的中心，这是顺缠的开法。两手劲路与对方来力在引进时方向一致，是为合力。捋的后手收到心口前，中指变为向外下方，前手的肘收到贴肋旁时，沉肘塌腕而下塌外碾，中指扬向外上方，是为分力。没有合力，不能引进；没有分力，不能使来力落空。

至于躯干缠法的配合，则要上小而下大，即眼应注视对方不许移动；头随身体的旋转方向略作侧旋；侧旋时，前额角略低，后额角略高。胸部的旋转只限于45°；胸以下至裆部可以随捋的需要而大于45°；裆部旋转角度大，则后足应外摆一些，以适当配合手部的动作。总以下盘稳固为原则。

以上所讲为双捋之法。如六封四闭第三动作为左双捋式；初收第二动作为右双捋式。

二路左、右单云手，手的收转，都可作为捋法。但学者应知：凡前手正旋顺缠时，遇到来手在我肘下进攻我，都应以顺缠的捋引之。《陈式太极

27

拳》中沈家桢说的"逆缠为捋"完全错误。

3. 挤法

是手背向着对方的着法，它的动作可以解捋和採、挒。着法有单、双，缠法可顺可逆。如搂膝拗步第三动作是左逆缠单挤法；拦擦衣第五动作是右顺缠单挤法；前蹚拗步第二动作是逆缠双挤法。这种逆缠双挤的掌只要多向下转一点，便成双按法。头一个挤法是从下向上挤的，第二个是从上向下挤的，第三个是从中盘向前挤的。陈式着法变化方向可以说是最灵活的，因为它是以"因敌变化"为原则的，也就是"舍己从人"的法子。

4. 按法

是破解挤、肘、靠的手法。它的用法有单有双，但总是走逆缠，是掌心对着对方的躯肢任何部分的着法。例如，六封四闭第五动作和抱头推山第六动作都是对人中盘的双按法。白鹤亮翅第二动作和闪通背第六动作都是右採、左按的单按法。

5. 採法

採和挒都是与捋法同样引进对方向自己身体左或右方化劲而使之落空的着法。一般习太极拳者往往将抓住人的手法称为採法，实则採、捋、挒的形式与劲路毫不相同。从方向来看，採的动作较高，走的圈子较大，走的劲路与对方来力合得较多。挒法则动速而圈小，与来力刚一接触，就从合力变为分力。捋法则是走中圈的。

陈式的採法有双採、单採，如第一金刚捣碓第三动作是进左步的右双採；白鹤亮翅第二动作是退右步的右单採法。凡是单採，又多与按法左右上下斜着配合。

一般太极拳书讲推手，多称掤、捋、挤、按为四正手，而称採、挒、肘、靠为四隅手。实则陈式太极不论盘架子及推手，躯干部都是侧着的，从无正面相对的，手法、步法也总是斜的，怎能称为四正？採、挒、肘、靠四法，除眼法外，身步手法更加大了侧式，虽可称为隅手，但攻击的目标仍为对方，所以不如不分手法的正、隅为妥。

陈式接手的规律为右手来则右手迎，左手来则左手迎，而且要从来手的外侧迎之，这样，可以用一只手管住对方的两手。但採的接法与挒不同，是以逆缠引进的，在拳式中，又以右手为多。这是因为攻击人时，习惯用右手进攻，所以採时便用右手顺缠而接，变逆缠而向右后上斜角引进，用左手逆缠搭在来臂的肘关节外上侧。採的劲路是合力大于分力，当对方前随时，全用合力，与来力的方向一致。当对方前随的手将触及我身时，才把搭腕的肘部加强下塌外碾的劲，而变成分力，使来力被引进来，而后落空。

6. 挒法

"挒"字在字典上解为拧转而撕裂之意。太极拳的挒法与之相同，是制反关节的手法。挒的缠法也采用双顺，它和挒手的配合不同。挒是前手低于后手，挒则后手低于前手。採法虽亦后手较高，但用逆缠引进，而且高与眼齐。挒法则后手贴在心口，引住对方腕部，劲向上提，前手搭在对方肘关节外上侧，劲下塌外碾。讲到劲，挒法开始只走一分合力，接着就转为分力。所以从效果看，採的对方被引进后，身向我身右后方倾跌；挒的对方被引进后，身向我发劲的左或右前斜角侧着旋转出去；挒的对方被发出的方向是向我前方跌出。总起来说，不论採、挒、挒法，都能达到我顺人背的。

挒法也分单双。如倒卷肱退左步是左挒法，退右步是右挒法。二路斩手第二动作是下挒法，第三搗碓第三动作是右手单挒法。陈师常说：挒法制对方的反关节，能伤人肘臂，不可轻用。同学们互相试验，也应特别小心，以免误伤。

7. 肘法

陈式肘法是近战的着法，有顺拦、拗拦、背折肘、连环肘等多种形式和不同方向的用法。陈式的肘法原有"顺鸾""拗鸾"的式名。我从肘和步的配合方向，体会方向一致的为顺，方向相反的为拗。但"鸾"是鸟名，与肘法无干，应当是"拦"字的音误。遂改为顺拦肘、拗拦肘。有人将拗字误为"腰"字，当是不懂的缘故。顺拦肘是以逆缠发肘，右肘同右步方向是一致的，是攻击右侧对手的着法。拗拦肘是以顺缠发肘，右肘向胸前发劲，右步在后，方向不同，是攻击面前对手的着法。不论顺逆肘法，发劲的手都以心口为界。但顺拦的右手心要贴紧心口，肘不突过右肋。拗拦的右肘应在右肋前寸许，右手则在心口前，离下颏数寸许。顺拦的腰劲右转，而拗拦腰劲左转。眼法都注视右前方的对手。但一路顺拦肘系对方用双手按我右肘，第二路顺拦肘是我以右肘引进对方左肘然后发劲。第一拗拦肘是我以右肘关节外侧逆缠贴其在肘下发劲，第二拗拦肘是以我右肘顺缠在对方左肘内上侧发劲的。

背折肘是攻击背后有人搂我腰部而化解并反攻的着法。由于动作系腰背同时转折，以肘向背后发劲，所以称为"背折"。陈式背折肘如裹身鞭是背部左转，右肘向右后发劲的着法。第一高探马第五动的左肘及掩手肱捶末一动的左肘，都可以当作背折肘使用。它的动作，从前面看是向左转的，从背后看却是向右转折的。肘尖都是走顺缠贴左肋而向左后外斜角发劲，以攻击左背后的对手的。两手的配合，裹身鞭用双顺缠，两肘都贴肋部；高探马手部配合是右手顺缠前发，左肘顺缠后发；掩手肱捶的右手逆缠发拳，左肘顺缠后发。

连环肘在陈式拳的式名原为"兽头式"。陈鑫说取象于旧的建筑房顶上的那种兽头，形象极恶。我感觉不甚恰当。听陈发科师口传的声音，没有"头"字音，却像"肘"字，所以我就改名为"手肘式"。因为这个式子的动作、作用、手肘可以并用。陈师曾亲自给我讲解、试验。他说，这是有人从我背后搂住我的腰，欲向右外方摔我，我趁势右转，撤退右步，右肘松沉攻击搂我的对手，对方为了闪躲肘击，又由于我的步子速退及背部的左转，而不自觉地身向左闪，我立即身向左转，左肘突向后发，正击中对方的胸部。右肘顺缠向后发劲时，左拳逆缠向正前发劲；左肘逆缠向后发劲时，右拳顺缠向正前发劲，以助肘劲。但发左肘时，身的左转角度要加大些，左肘发劲的方向要向正后方，才能打准对方的胸肋。因为这个式子的用法是两肘先后连环而发，可称"连环肘"。又因为动作中是手肘互相配合发劲，所以改名为"手肘式"。

8. 靠法

陈式拳靠法分肩靠，而且有肩外侧、肩头、肩内侧的区别，也有背靠、臀靠、胯靠、膝靠之分。它是双方躯干最接近而化解、反攻最快的着法。比如下象棋，一切棋子的移动都是为了攻击将帅或保卫将帅。靠法等于棋中的士，肘法则等于相。虽有保将帅的作用，却不许出圈。

肩外侧的靠法，是同肘、手配合着循环而发的。或从挤变肘靠，或从靠变肘挤，这是常用的方法。肩头的靠法是从早期陈式的七寸靠而来。此种动作，今已无人能练。肩里侧的靠法是两人双方进步，手的缠法违反右来右迎、左来左迎的常规，而以左手引对方右手，右手引对方的左手，侧身进步，以进步时的前肩靠对方的胸部的着法。背靠与臀靠，都是对方从背后搂腰，或左右旋转，或裆向下塌，如穿地龙的臀部下坐的姿势，用以压对方膝部的着法。胯及膝靠则是双方在进退步时，胯、膝接触时用的。但与步的套、衬不同，而分别用胯或膝的顺逆变化发着。其常规是：套法的步法是左腿逆缠进到对方的右腿外侧，右腿逆缠进到对方的左腿外侧，膝部要贴近他的膝部上方，再加大逆缠，名为胯靠；在对方的腿自然形成衬法，化解的缠法要走顺缠，以膝部制其胯部，名为膝靠。如以逆缠进在对方腿的里侧，则为衬法，只能进在对方脚腕近处，不可进得太多，以免转折不灵。这种一套一衬的步法是经常用的着法。还有一种专用的腿靠法，如一路拳的退步双震脚及金鸡独立的膝部，都属于膝靠法。但这种着法，稍不注意，便有伤人性命的危险，学者万万不可轻试。

（二）推手歌

我们将以上各种着法学习之后，则研究推手或散手自能运用自如。下面为初学者介绍一般推手常法。推手歌，原名打手歌，不知何时、何人所作。虽只六句，却对推手的道理、方法有原则性的指导，为学好推手，我们应当先学习体会这个歌。我并就歌词逐句加以解释，以免初学者有所不解，或者误解。

掤捋挤按须认真

按：头一句先说出推手的四个手法，需要认真地进行。本来容易明白，但是手有八法，为什么只说掤捋挤按，而不提採挒肘靠？我认为掤捋挤按是太极拳手部的常法，认真地弄明白这四个手法之后，採挒肘靠四法，在因敌变化中方法略加变化，便自然会用。

文中提出"认真"二字，是有深刻意义的。我认为，并不是要求学者认真一心求胜，将对方发出去或使其跌伤，而是要求学者细心认清掤捋挤按的规矩，即关于掤捋挤按有什么作用，手脚动作方向的配合如何，都要认真地学对弄明。试验后感觉如何，胜是怎样胜的，败是怎么败的，应当找出原因所在，而后加以发扬或纠正。

上下相随人难进

按：太极拳是整体运动，如同一部精密的钟表，各个轴轮一动无有不动。上一句只讲到上盘的四个手法，但手的上边还有顶劲的虚领，眼法的向前平视，下盘固然指的有脚，但更要紧的是裆劲的松沉、膝部的提落、步法的变化进退。不但要求手脚上下相随，而且若不强调中间腰部的左右适度的旋转，还是僵死不灵的。所以"相随"二字是指周身而言的。能掌握躯干上、中、下的配合协调，则对方自难进身。

任他巨力来打我

按：这句话好懂，不需解释。

牵动四两拨千斤

按：这句是从上句连贯而讲的。假如有人用力来打我，我对付来力的方法，应当先顺势牵动他，则用四两的力可以牵动千斤的力。话虽如此说，我们用什么方法牵动他、牵动他什么部位、怎么拨法、拨对方何处，都是我们需要研究的要点。根据陈发科师的讲解和试验，我方知是牵动对方的重心。重心一失平衡，则以四两的小力，亦可使千斤之重的物体随之倾倒。牵动的方法，以步法为主。陈鑫说："手到腿不到，发人不巧妙，手到腿也到，发人如薅草。"武禹襄的《太极十三势行功心解》也说："如同将物掀起，而加以挫之之力，斯其根自断。"这些话都是牵动对方的方法，可惜都说得不完全。我认为，进攻时腿要比手先到，但到达什么部位，则更应注意。陈式进腿，分套、衬二法。不论是套是衬，都应紧贴对方前腿，这也就是"如将物掀起"时，必先用杠子或手插进所掀物件的下边，然后才能变动它的重心而"掀起"来。"加以挫之之力"，就是向不同方向的"拨"法。所以对这一句的"牵动"应从步法下功夫，产生牵动重心的效果，然后加上手的拨法，以配合步法。但拨的方向，一定要对准对方的躯干中心，视其步子的方向，而向其后外方拨动。例如对方左步在前，则向左后外拨；右步在前，则向右后外拨。但还要注意，对方原是用大力来打，才能用以上方法牵动，并非对方不动，而我硬用手去勉强牵他。因为太极拳的原则是"人不犯我，我不犯人"，彼不动我亦不动。

引进落空合即出

按：这句是从第三句"任他巨力来打我"而继续讲的。由于他来打我，我就随势引进，引进的方向还是以来的劲路方向为准。他偏向我右方，我便向右引进；他偏我左方，我便向左引进。来劲偏高便用採法；来劲在中间便用捋法。但是怎样能使之落空，却须适当地运用缠法自转的顺逆以配合公转的大小。

"合即出"的"合"是什么意思？我认为，这是指双方的着力点碰到一起，所以叫作"合"。力点和力点碰到一起，岂不成了顶劲？我认为，对方直来攻我，我向左或右拨转来力，使之落空而出，这是我用旋转的点接触来力直进的点，是不会出现顶劲的。

粘黏连随不丢顶

按：这句讲的是推手的方法和用劲的原则。实则也是太极拳的原则。"粘黏"是讲劲好似胶漆那样，只要双方接触上，就像碰到胶漆，而无法脱离。"粘黏"二字是形容劲的性质的形容词。"连随"是动作方法。为了粘，便须用随法。为了粘得黏，便须用连法。陈鑫用螺丝钉拧到木器上无法硬拔出去的比喻，最能表明缠法的粘黏形象。不能硬拔出，说明"不丢"；螺旋前进，说明"不顶"。所以陈式缠丝劲是陈式太极拳的精髓，它不但部分肢体有这种劲，周身都要练出这种劲来，并适当地掌握，运用于任何着法。不习陈式者不懂缠法是当然的。习陈式多年者，亦注注误解为用时必须缠绕对方，甚至说缠丝劲不过是个形容词。我真为陈式太极拳的前途担忧。

《陈式太极拳》转录陈氏相传的《揭手歌》二首，歌词如下：

（1）掤捋按捺须认真，引进落空任人侵。
　　　周身相随敌难近，四两化动八千斤。

（2）上打咽喉下打阴，中间两肋并当心。
　　　下部两臁并两膝，脑后一掌要真魂。

陈子明据别本抄出者，题为《挤手歌诀》，有六句："掤摅挤捺须认真，周身相随人难进。任人巨力来攻击，牵动四两拨千斤。引进落空合即出，沾连粘随就屈伸。"

陈氏两仪堂本《拳谱》则为："挤掤搂捺须认真，上下相随人难进。任他巨力人来打，牵动四两拨千斤。"只有四句。

　　以上三歌标题不同，句中的字亦有异。徐震《太极拳考信录》云"十口相传，久而稍异"，是可能的。"撼"字是否正确尚不可知，"搂"字则肯定不对。陈氏常把按字写为"捺"字，意义相同。其他句子中"难进"与"难近"的"近"字，不如"进"字为妥。因为如果"不能近"，又何从而接手引进？至于"四两化动八千斤"，则不如"牵动四两拨千斤"。有"牵动"和"拨"字，能使人从中体会太极拳的用着、运劲的妙处。"沾连粘随就屈伸"也不如说出"不丢顶"更为恰当。学者可从实践中较其优劣。

　　我们学习明白有关推手的方法、文字之后，并对拳套也练熟了，就可以学习推手。

（三）陈式推手之特点

　　陈式推手的步法、手法和一般太极不同。兹介绍如下：

　　（1）推手分甲乙两方（甲方为左侧白发者，乙方为右侧黑发者）。双方对面而立，目视对方。右手相互搭在对方的右手腕，左手相互搭在对方右肘关节外上侧。这是双方的掤法。（图1-1）

　　（2）化解掤的着法为捋或採挒，但要随对方来势的大小及劲路的高低而因敌变化。假设甲方右转身，进左步右採。乙方

图1-1

身左转，右足逆缠进到甲方左腿里侧，右手顺缠掤化，继而向对方胸口发靠，左手搭在右臂弯处，掤接对方左手。（图1-2）

（3）甲方被靠，身变左转，塌下裆劲，成左侧盘步，左手逆缠变挤合在乙方的左手腕部，右手变顺缠向乙方胸部发按，合在乙方的左肘外侧。乙方身右转，成右侧盘步，以左手逆缠掤化甲方左挤右按的双手，而以右手变逆缠挤在甲方腹部。（图1-3）

（4）乙方为化解甲方的挤按，立即身变左转，成右侧马步，左手立变顺缠，採住甲方左手腕，右手从甲方腹部先逆后顺转到甲方的左肘关节外上侧，成双手左将法。甲方为化解乙方的左将，身变右转，成左侧马步，左手臂部逆缠向乙方胸腹部发挤按，右手变逆缠搭在左臂上侧，掤化对方的右手，同时以助左臂的挤劲。（图1-4）

图1-2

图1-3

图1-4

（5）甲方为化解乙方的将劲，身仍右转，左手臂部继续逆缠，而以左肘向对方的胸口发靠劲，右手仍在左臂弯上侧，以助左手。乙方为化解甲方的穿心肘法，身立变右转，成右侧盘步，右手变逆缠拨转对方的左臂上侧，发挤劲，左手仍缠住对方左手腕部。（图1-5）

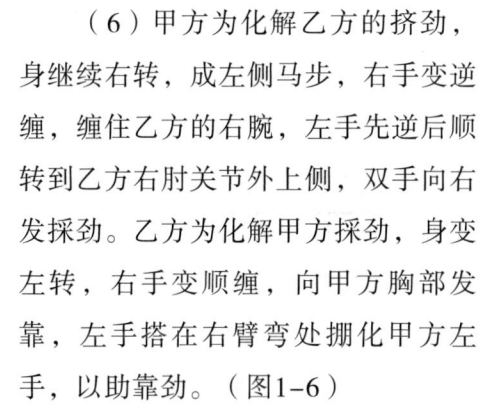

图1-5

（6）甲方为化解乙方的挤劲，身继续右转，成左侧马步，右手变逆缠，缠住乙方的右腕，左手先逆后顺转到乙方右肘关节外上侧，双手向右发採劲。乙方为化解甲方採劲，身变左转，右手变顺缠，向甲方胸部发靠，左手搭在右臂弯处掤化甲方左手，以助靠劲。（图1-6）

以上是陈式太极的定步推手常规。如初学者已将这些变化练熟，可以再加以活步推手。它的方法是：甲方为化解乙方的靠劲，身向左转，左腿顺缠，左脚脚尖外摆，右腿逆缠，以脚跟贴地进到乙方的左腿内侧，成右侧马步；同时左手逆缠变挤，右手顺缠变按。乙方为化解甲方的挤按，身变右转，左腿逆缠，左脚脚尖贴地内扣，右腿顺缠向后斜角退一大步成左侧马步；同时右手变逆缠，缠住甲方右手腕，左手先逆后顺转到甲方右手肘关节外上侧，双手向右变採法。

图1-6

以下动作乙方如前甲方的挤按，甲方则如前乙方的掤化。这样可反复练习。

但应注意：推手时，双方都不用前弓步，以避双重。陈鑫说，练架子时，最大步子可到三尺宽，但用时，只用一尺二寸步子，因过大则转换不灵。陈师教初学者，有时用大型马步，即杨澄甫先生的大捋图象，也是马步，而且裆劲塌得极好，与陈师几乎一样。陈师发劲时，往往只用半马步即足够了，这是为了"先求开展，后求紧凑"。

又，陈式推手过去只有前面介绍的那样，从来没听陈师说起五种推法，也从来没有大捋之名。吴志青著《太极正宗》一书，后面有向恺然和陈照丕会晤后的谈话，他认为，陈式推手只有一样，反而不如杨式的有单挽花、双挽花、定步、活步、大捋等变化，可能是陈氏失传了。其实不然，陈式推手看似简单，而变化多样，不是徒划空圈。

陈师教拳，不像北京一般教师那样，教完拳架，便教推手，陈师是要求学者必须将拳式学对、练熟之后，才教推手。陈师虽然从表面看来只是一位品质忠厚、武艺高深的农村老人，但他的思想和社会经验，都是十分细致而又丰富的。陈师常说，推手是检验太极拳功夫的一种功夫。虽然学推手的都是同学，但每个人都不免有既怕输又想赢的思想。初学者因不愿输，当被动时，不知不觉地便加点劲顶住对方，或扯住对方的肢体、衣服，对方又必然加点劲往外推，或往里拉，于是互相加劲，都走了邪路。所以学推手之初，应由教师带领学生练习，随时为之指点讲解，并互相试验，才能由亲身体会，而知其形式的变化及内劲的转换。陈师用此法教人，虽不早教推手，而每教一次，必使学者深入了解一层。

《陈式太极拳》书中借"蓄劲如开弓，发劲如放箭"的成语，提出"一身备五弓"之说。实则原句只表明劲的蓄发，与拳的身体姿势无关。因为太极拳是许多方向不同的圆转动作组成的，古人以车轮、车轴作动作的比喻，是正确的。我从陈师学拳十五年，从来未闻陈师谈到什么五弓。因为弓的开合是直线往来，与太极动作毫无共同之处。

杨式太极推手是用所谓合步，即双方各以右（或左）步在前交叉对立。我于1956年在北京宣武门外某街，见一朱姓同学教陈式推手也采用这种步法，即感到有些奇怪。近来我曾观看推手比赛，双方互用拙力顶着前推，毫无太极技巧，连素习杨式诸老人亦深为有志青年惋惜他们枉费功夫。今后如何纠正、提高，尚待有识之士加以合理纠正。

八、陈发科怎样教拳和推手

陈发科老师是继长兴公之后一代名拳师。他为人忠厚，功夫精纯。所以教起拳来，总是十分认真。常说："只要真愿意学，我就恨不能钻到他的肚子里，很快让他学会、学好。但是事实上却办不到。"他教集体的学生，也是一个一个地教，一式一式地教，甚至每一个动作都不厌其烦地反复做示范，而且讲明这个动作是什么着法，真可谓"循循善诱，诲人不倦"。

北京教太极拳者，多数是教过整套拳后，接着便教推手。据说常常推手，可以熟悉拳法。这话虽然有理，但只讲定步、活步的手法和步法怎样配合运动，而且不加详细说明。因之学者仅能熟习划空圈，却得不到进益。

陈师则在教套路后，必须让学者的姿势正确、纯熟，然后方教推手。由于在教拳架时已将手的八法讲清，此时进入科学实验，更将怎样掤、怎样捋、采、挒及挤、按、肘、靠的手、腿如何配合，和对方如何配合，内劲怎样运用和变化仔细讲明，而且亲自互相试验。学生在眼、身、步、手方面略有不对，必加纠正；而且使之从试验中，体会出错了是什么感觉，对了是什么感觉。学生反复学对了，他便作为不会化解的一方而被牵动。然后再说，试下一变化。所以虽然不早教，也不天天教，却能让学者受教一次，便心中明白一层，以至全部明白，使学生知道推手的变化如何配合，为什么这样配合。这就是明师"以其昭昭，使人昭昭"的教学方法。

我们和陈发科师推手时，肢体接触之处，一点不觉其有力。但在试验动作中，又好似他的后备力力大无穷，如同将被大风吹得站立不住一般。当被陈师采和捋时，虽被采捋的手未感到有力，而且还遵师教松松地随着，但其手在略微转动之中，他的缠丝劲已达我手而肩而腰，直达足踵。若用力一顶，便自然跃起而不自觉，仅感到劲路如擦衣而过。我曾亲眼见到许禹生、李剑华诸同学被打起数尺，然后跌出。陈师遇到对方力大者，发劲最快而动

39

作最小，完全是用腰裆膝和手部的自然缠法密切配合而发出来的。这样发的劲惯性特强。被发者仰跌则从腰到足踵起，即使想调整重心，一时仍站立不稳，至少须跳出三次还是跌倒。陈师偶然高兴，曾在地面试划两点一线，试验预期所跳的部位及跌处，屡试皆不差分毫。如系被引而倾跌，则被牵动者劲由腰而至头顶，甚至使人在空中翻个跟头，然后倾跌。许禹生同学自言：初拜师时，陈师为了他在京原有点名气，又年龄略长数岁，谦辞以半师半友订交，两三年后才心悦诚服。即使请武术友人会齐，当面拜叩亦所甘愿。

陈式拳的步型虽有马、弓、盘、虚、独五类，但在推手时，陈师从来不用弓步。特别当发劲时，只用小半马步。因为用弓步则易成双重，而转换不灵。陈鑫先生也说："实用的步法，以一尺二寸许为限。"但学练推手时可因敌变化，而运用仆步于採、捋、挤；于按、肘、靠则用马步。我们观看杨澄甫先生的大捋图像，马步下塌裆劲做得极好，与陈式并无两样。

陈式推手的步法、手法均与一般太极不同，特别是步法最易区别。因为一般太极推手，惯用合步，即：双方各以右（或左）步在前，交叉在对方的前腿里（或外）侧；陈式则甲乙两方，一个右步在前，踏在对方前腿外侧，一个左步在前，踏在对方前腿里侧，俗称顺步。这种步法，由于互相贴住，对方稍动，便可感觉，有互相制约之用。但是，如今习陈式者亦往往从俗采用合步，实际是不对的。

陈式推手分甲、乙两方。甲以右掤进攻，乙用右掤接后，即变为进步右採，甲以右挤、靠化採，乙以左按解挤靠，这是第一轮。然后乙再掤化，甲用左捋法引进乙左臂，乙趁势用左挤、靠，甲再以右按解之。这是定步推法的第二轮。推过两轮，甲又用退右步採法引乙右手，乙转进右步以挤、靠随化，甲用左按解之，这是第三轮。然后乙从掤变顺缠，引进甲的右手，甲再以右挤靠随化，乙再以左按化解。这是第四轮。双方如愿继续练习，可以反复试验。

由此看来，陈式推手就只有这么定步的两轮和退步的两轮。一般太极拳称之为"大捋"。其实陈式从来没有"大捋"的叫法，更没有单挽花、双挽花及合步的定步、活步之法。

现在倒是不拘学哪一派的都习惯了五种推手方法，但又忘却太极拳的基本手法。从1983年11月，我开始参观全国散打和推手比赛后，以至1986年的比赛，连电视放映的陈沟推手都类似摔跤，而且许多老拳师都叹谓：无技巧而硬顶。今后如何纠正，我们都在满怀热情地期待着。

九、太极拳法三字经

（一）总论

太极拳，理法精，阴阳理，互变中。
法万变，不离宗，唯缠法，基本功。
每一动，螺旋形，其要求，圆而松。
如毛巾，反复拧，练周身，内外同。
经络活，血气通，祛疾病，保康宁。
勿懈怠，持之恒，讲技法，变化灵。
或柔化，或刚攻，因敌变，螺旋中。

［按］

以上说明太极拳理论依据系《易经》的阴阳对立学说。在今天看来它也完全符合辩证法中对立统一法则。此拳不但可增强体质，兼有技击妙用。它的基本规律全在螺旋运动的缠法。

（二）缠法

论缠法，应过细，内外旋，分顺逆。
顺劲开，逆劲闭，刚与柔，相互济。

（三）眼法

意发令，凭眼传，审地势，察敌变。
眼所视，有点面，实点顾，虚而盼。
身步手，随顾盼，盯目标，莫乱转。

（四）身法

讲身法，上中下。顶劲领，裆劲塌①。
腰如轴，戒凸凹②。长强穴，尾骨端。
体里裹，微后翻③。气松沉，小腹间④。
重心低，动无偏。胯里松，裆开圆。
既灵稳，且自然⑤。两膝盖，与踵齐⑥。
随身转，互落提⑦。杠杆理，支重力⑧。
如磅秤，称粮米。物如重，砣随移⑨。
使重心，得随遇⑩。守中立，莫挪移⑪。

[注]
①上则虚领，下则松塌。
②"凸凹"可读音为"鼓洼"。
③这个要求为陈式太极拳与其他各式太极拳的根本区别。
④指脐下气海穴。道书称"丹田"。
⑤重心随裆开圆而增加稳定度，胯内腿根大筋放松，可加大左右旋转的灵活性。
⑥不许膝与足尖齐，否则会使小腿向前倾斜，成双重而转换不灵。
⑦身左转，则左膝提而右膝落；身右转，则右膝提而左膝落，以保持重心随遇平衡。
⑧支点在头顶百会穴向上领，向下至尾骨的立轴；重点是对方加在我身上任何部分的力；力点是我用以引掤对方身体任何部分的力。
⑨古拳论说："立如平准。"这是合乎力学原理的。称的物体分量加大了，则必须将砣拨向适当的位置，以保持力点与重点的平衡，才能斤两不差。这是太极拳掤法的作用。
⑩指随遇平衡。
⑪按古拳论"立如平准，腰为车轴"的要求（车轴不能前后左右移动），身法必须做到：中正安舒，不偏不倚。有人说陈式太极拳的练法为重心全部移于一腿，这不符合陈式太极拳的规律。

（五）步法

步进退①，随身转。斜或正，因势变。
论步型，马弓盘。虚与实，互转换。
动如水，流曲弯。静止处，稳如山。
沉着中，有轻便。

[注]
①步法的进退必须走弧线，这是脚尖或里扣或外摆形成的，绝不能直线进退。

（六）手法

讲手法，最复杂。顺逆缠，互交叉。
凡顺缠，掌上翻。小指裹，拇上捻①。
凡逆缠，掌下翻。拇内裹，小指转②。
顺缠时，沉肘腕。带手掌，划弧线。
逆缠时，掌当先。手领肘，肘带肩。
顺逆缠，属自转。自转时，有公转。
公转变，正反旋。正旋圈，顺逆半③。
逆上出，顺下还。低平脐，高齐眼④。
肘收沉，贴肋边⑤。手开合，胸前变⑥。
反旋圈，亦同前⑦。逆下出，顺上还。
肘收还，齐乳前。缠为顺，掌勿偏⑧。
下转肘，贴肋边。手领肘，作逆缠。
缘胯开，再上转。肘松沉，永不变。
公转形，如鸡蛋。大小头，有定限。
正小头，心口前⑨。反小头，齐眼变⑩。
或左右，或后前⑪。左右圈，正或反⑫。

前后圈，多反旋。其缠法，变化繁⑬。

手逆出，后外偏⑭。变顺回，经耳边⑮。

另一圈，八法含⑯。基本功，莫轻看。

[注]

①指小指里裹，拇指向外上捻。
②指拇指里裹，小指向外上转。
③正旋一圈，必然半圈顺缠，半圈逆缠。反旋圈亦然。
④低不过脐，高不过眼。是指划圈的极限，在这个范围里或大或小，要随式子的需要而加减之。
⑤肘的位置也因敌而变，需要贴肋则贴，否则不贴。"肘不贴肋"之说不是陈式太极拳的规律。
⑥陈式太极拳要求手不过中界，以手心对心口窝为度。
⑦指一圈中顺逆缠各半，见注③。
⑧肘收到乳前，手仍指原方向。
⑨正旋的小头在心口前，大头高与眼平。
⑩反旋的小头在外，于上转到齐眼平处，转腕变顺缠之际；大头则在收肘经乳前，手缘胯外转。
⑪如云手等。
⑫如搂膝拗步、倒卷肱等。
⑬左右正反旋圈的缠法只一顺一逆互变，或双顺、双逆的变化。前后圈虽用反旋，但缠法变化至少四次，甚至多至五六次，如搂膝拗步、倒卷肱、护心拳、伏虎等式。
⑭反圈中，手走到胯的外下侧。
⑮必须先收肘贴肋，然后手经耳边、腮旁，转向胸前。这是陈式太极拳的规律。
⑯指掤、捋、挤、按、採、挒、肘、靠八种手法都随眼、身、步法的转换，而因敌变化。

（七）配合

讲配合，更重要。上下随，在于腰①。

眼指挥，手步到。内外合②，上下照③。

手配步，分顺拗④。里外弧⑤，看需要。

或斜正，或大小。灵而沉，劲才巧。

变万端，似奇妙。守规矩，熟生巧。

百炼功，莫辞劳。

[注]

①腰为中盘，也是全身上下两盘的枢纽。
②内三合为：心与意合、意与气合、气与力合；外三合为：肩与胯合、肘与膝合、手与足合。

③指外三合必须上下对照。

④手足同一方向为顺,手足交错为拗。如顺拦肘,右肘发劲方向为右,与右足同,因而取名。右肘向左前发劲,右足在后,故取名拗拦肘。

⑤手足运动的轨道,不但分里弧、外弧,而且手有上转、下转的区别,足则有前后之分。

(八)推手

拳练熟,学推手。互检验,对与否①。
十三式,相对走。採挒捌,引莫苟②。
挤与按,靠与肘③。诸攻法,掤为首④。
搭手掤,心要静⑤。何手来,何手应⑥。
肘松沉,视波动。採挒捌,因势用。
波刚来,我柔应⑦。直横拨,横压掤⑧。
运缠法,不丢顶⑨。引进身,使落空。
波失势,将前倾。必变招,稍留停。
趁此机,挤按攻。发肘靠,随势成。
眼身步,配手动。上下随,身中正。
保重心,莫失中⑩。立不败,去求胜。
欲不败,忌双重⑪。求粘黏,螺旋功。
推手中,积经验。与同学,互黾勉。
赞成绩,纠缺点。胜或负,勿介然⑫。
对拳友,尊长年。讲礼貌,戒争先。
虚心学,武艺添。倘发劲,重安全。
下和棋,同欣然。保波名,我心安。
遇莽夫,莫纠缠。语气和,态恭谦。
互团结,众皆安。

[注]

①推手是一种科学试验方法,正如认字、读课文之后,练习造句、作文一样,推手是验证每一招法练得正确与否。

②採挒捌都是引进落空的手法，应照规矩运行，不可马虎。推手歌中有"掤、捋、挤、按须认真"之句，又说"引进落空合即出"。

③手背向人为挤，手心向人为按；靠在肩、背、胯，肘在身、步法。

④不论引化，或是反攻，都必须运用掤劲，无掤劲，则有形无质。

⑤理法明，功夫精，自然心中镇静。

⑥陈式太极拳按口诀为："右手来，右手迎；左手来，左手迎。"应从对方来手外侧接掤，这样一手可制对方两手。

⑦《太极拳论》："人刚我柔谓之走。"应理解这个"柔"字：是螺旋形的圆转动作，而不是软弱无力的直线退让。

⑧原掤化口诀为："直来横拨，横来捧压。"

⑨接手时，如不会适当运用缠法，不丢即顶，无法引化。

⑩十三式的"中定"属身法规律，是运动中的"中定"，而非静止的"中定"。手足的变化，亦为保持重心的随遇平衡。

⑪王宗岳最早提出"双重"这一概念。犯了双重之病，重心极易被牵动，乃陈式太极之大忌。参阅下文"双重"一节。

⑫不应因胜而自满，或因负伤而自馁。

（九）双重

双重者，手足实。手化慢，足转滞。

重心偏，招必失①。陈拳法，前足虚。

裆松沉，后足实。虚不空，实不死。

虚实间，轻重比②。虚则灵，转换宜③。

实则稳，立根基。欲使巧，仗足力。

足无力，巧难施。凡接招，手先出。

我柔旋，引波力。来的劲，在我臂。

我曷虚，等于实④。避双重，更在腰。

如轴转，戒摆摇。重心沉，丹田际。

身步变，总随遇⑤。前后移，非陈式⑥。

一移动，必失势⑦。当此时，看腿法。

腿之缠，互顺逆⑧。手肘劲，也忌双。

凡沉肘，手必扬。顺缠化，在肘上⑨。

沉为柔，扬为刚。掌下收，逆缠走⑩。
肘向前，对敌方。肩肘手，互阴阳。
或有人，逞聪明，避双字，讲单重。
配合法，未认清。双足踏，尚稳定。
单立定，怎有用。独立式，与踢蹬⑪。
手先拿，或双封。制对方，成被动。
再趁机，膝足攻⑫。

[注]

①凡是一侧手足上下同实，便成双重。必然导致手法引化迟慢，步法转换失灵，招法难以施展。一般解释双重，说是马步两足同样有力，重心处于两腿之间，是太极拳之大忌。其实不然。也有人说，双方交手力量相等，便为双重。这个说法虽合拳论"人刚我柔"的原则，不出顶劲了，却不知，如直线后退，岂不成后面双重，而出丢劲？欲做到不犯双重，不丢不顶，全在周身上下相随的螺旋运动，变化的方向、时间恰到好处，无过不及。手实足虚也就是彼刚我柔，避免双重，但我手的实是对方加大我方的劲，我以自转引化，仍然是虚中的实，而以柔对刚。

②足步的虚实，虚足轻于实足，绝非纯虚纯实的虚实分明。虚实比重约为虚四分，实五分，腰中经常保持一部分劲力，方能调节足的虚实。

③转是足尖的外摆或里扣及步法进退；换是随转的动作变换劲的虚实。

④对方将力加于我腕、肘或肩部，我虽柔化，其力仍未全部落空，所以虚等于实。此时我受力手下边的足也实，则手足上下全实，便是双重。

⑤身步千变万化，重心总保持随遇平衡。

⑥重心全部移于一腿，违反陈式太极拳的规律，也就是违反"立如平准，腰如车轴"的要求。

⑦前面手足双重，必然倾仆；后面手足双重，又必然仰跌。

⑧两腿缠法的配合只能是一顺一逆。

⑨指对方加力于我肘部。

⑩如对方加力于我掌腕，劲路偏向下方，则以逆缠下收为柔。

⑪指金鸡独立、左右插脚各式。

⑫陈式太极拳用膝、脚攻击对方时，必先用手拿或封住对方的手，这样才能立于不败之地。

（十）懂劲

学太极，须懂劲。初学时，便应问①。
求懂劲，也不难。手八法，式中全②。
每一动，细究研。凡接手，掤在前③。

47

采捋挒，引为先。挤肘靠，三节换。
梢中根，互溷环④。手背挤，掌心按⑤。
挤按法，可互换。顺逆缠，翻掌间。
角度难⑥，速度先。柔克刚，全在圆。
争速度，在转关。任一转，无数点⑦。
点对点，劲发焉⑧。方向对，时机准。
懂劲诀，着为先。逐一式，作试验。
方向者，顺逆缠。自转中，兼公转。
公转法，反正旋。劲开合，时后先。
一切要，因敌变。毋毫厘，莫紊乱⑨。
如识字，辨点画。点画变，同八法⑩。
一拳式，等于句。全套路，同作文⑪。
熟读书，文易成。临考试，心气平。
练架子，如有人。交手时，如无人。
波怎来，我怎应。心镇静，平日功。

[注]

①"懂劲"是王宗岳首先提出来的，他在《太极拳论》中说："由着熟而渐悟懂劲。"有人主张，在推手中求懂劲，而忽略了"着熟"的着。不懂得拳式中的"着"及其变化，怎么能会运用"着"而懂了劲呢？因此，我认为，初学者便应弄清楚每一式的"着"法，这样熟练之后才能渐渐懂劲。着是有形的动作，劲是内里的变化。

②有人称掤、捋、挤、按、采、挒、肘、靠为"八门劲别"，这未免不妥。实际上为上肢的八个"着法"。陈式太极拳的劲只是"缠丝劲"，习惯称之为"掤劲"。上述八个着法是运用这种劲的方法。另外，陈式太极拳手法极为复杂，绝非如有人所说：仅"揽雀尾"一式中才有掤、捋、挤、按。

③双方推手，先以手掤接。

④梢中根即手、肘、肩，可由挤变肘、靠，也可由靠变肘、挤。

⑤挤时手背向对方，按时掌心向对方。

⑥缠法的变化在翻掌的一刹那间，其角度的大小，斜正要毫厘不差。

⑦圆是由无数点组成，设一个圆为360°，以一个动作为180°来讲，便有180个点和线的变化。

⑧交手时，对方也在旋转变化，其中同样有看不见的点线，只要对方动作略慢于我的动作，点就暴露出来。停止一秒的几分之几，我就可以利用我正在转旋的点对准他的点将对方发出去。

⑨拳论说：差之毫厘，谬以千里。缠的角度和时间配合应达到分秒不差。

⑩拳的手上八法同字的八法。
⑪拳的套路，也与写成一篇文章一样，有起、承、转、合。

（十一）学拳

欲学拳，先明理。讲文明，讲礼义。
还需要，懂科技。学力学，与生理。
杠杆法，螺旋力。劲虚实，通血气。
强体质，熟技击。要明理，求明师。
师不明，误子弟。师教言，多详记。
师示范，看仔细。由感性，而理性。
多思考，多练习。持之恒，守规矩。
求进步，莫心急。不觉中，功益增。
还需要，有良朋。同学拳，可互助。
多试验，细品评。对与错，俱分明。

（十二）教拳

为人师，责任重。第一要，感情真。
解理明，戒唯心①。细示范，莫囵囫②。
对学生，诲不倦。使学生，学无厌。
对青年，要求严。学规津，毫不苟。
促勤学，莫撒手。老病者，区别待。
柔缓练，勿贪快。待身健，渐加量。
运动量，应适当。才能够，保安康。
教与学，能相长。学而教，戒狂妄。
人来学，师只一。来学者，皆我师。
督促我，勤复习。学无止，毕生力。

欲有成，集群智。莫谓师，达顶点。

愿学生，青胜蓝。同升高，共登攀。

[注]

① 太极拳本是科学的，但过去不少关于太极拳的论述中不乏唯心论的糟粕，学者应予以注意。

② 应向学生详细讲明太极拳十三式基本规律及其变化莫测，并在示范动作的同时，多做科学试验，使学者了然于心。

十、太极拳品并序

诗有品，书亦有品，古人尝品之而著为文章。拳可无品乎？因仿司空表圣诗品体例，戏成太极拳品。拳品高低，实以人品为准。

（一）端严

太极拳虽属传统运动项目，而理精法密，具有完美的艺术形式，又是增强人民体质的适宜方法。学者应在锻炼中，从严从难，细找规律，首先以端严为主。

拳昌小技，能强身体。

眼身步手，规矩莫失。

动静开合，刚柔曲直。

螺旋协调，对立统一。

（二）圆和

练此拳虽应严守规律，但又忌拘束，须从端严之中，注意圆转和谐。

太极运动，不离方圆。

上下相随，首在螺旋。

　　　　　　弧线转换，内外遁环。
　　　　　　虚实互换，奇正经权。
　　　　　　千变万化，重心无偏。
　　　　　　意会形合，庶几近焉。

（三）轻灵

圆和是解拘束的方法，轻灵是圆和的效果。

　　　　　　能圆则轻，能和则灵。
　　　　　　回风燕子，点水蜻蜓。
　　　　　　将注复还，寓送于迎。
　　　　　　速非飘迫，迟不留停。
　　　　　　翩若惊鸿，宛如游龙。
　　　　　　圆转如意，中有权衡。

（四）沉着

轻灵而不沉着，久恐失之飘浮，继以沉着。法以顶劲领起，重心随遇平衡。眼法注视目标，保持动中之静。

　　　　　　车轮飞转，中不离轴。
　　　　　　沉着轻灵，以刚济柔。
　　　　　　刚劲非顶，柔亦不丢。
　　　　　　重心旋沉，裆膝中求。
　　　　　　乘风破浪，万吨之舟。
　　　　　　全在舵手，操纵自由。

（五）雄浑

沉着在内劲，雄浑在气势，二者互相表里，然非规矩之至用力之久，不能臻此境界。

山崩海啸，虎视鹰瞵。
狂飙千里，雷霆万钧。
壮我声势，蔑视敌人。
此非矫作，中自有真。
行健不息，中气弥纯。
威而不猛，是谓雄浑。

（六）超逸

偏于雄浑，或近粗野，济以超逸。

谦虚谨慎，不躁不骄。
意能中和，形自逸超。
流水潺缓，行云飘飘。
浅底鱼翔，微风柳摇。
遂使观者，矜躁都消。
炉火纯青，百练功高。

（七）缜密

超逸而不失规矩，必须过细揣摩，达到缜密。

天衣无缝，针线泯迹。
规矩之至，动必如式。
螺旋万转，无往不利。

一羽难加，敏感至疾。

飞虫难落，变化莫测。

收放无间，动静合一。

（八）缠绵

缜密必紧凑，调节必缠绵，保持对立统一法则。

源泉混混，江河涛涛。

来脉既充，其流乃遥。

春蚕吐丝，茧而成缫。

往复缠绵，旋转万遭。

迟留赏会，迅疾高超。

法不离圆，旁求徒劳。

（九）精神

外体的运转，既缜密而缠绵，精神的表现，应严肃而活泼。

习之既精，自然得神。

传神在目，非喜非嗔。

骅骝嘶风，鹰隼出尘。

伺鼠乌圆，跃水锦鳞。

好花初放，秋月常新。

形神潇洒，永葆青春。

（十）含蓄

精神过分外露，也是一病，还应含蓄。

内劲充实，外无矫饰。
　　千斤之弓，四两之矢。
　　引而不发，跃如中的。
　　山雨欲来，好风将起。
　　譬波兵法，守如处女。
　　一触即发，浅尝辄止。

（十一）雍容

含蓄不是拘谨，而要落落大方，气度雍容。
　　轻裘缓带，淑子之风。
　　以暇御整，气度雍容。
　　号令万军，旗帜鲜明。
　　沧海旭日，泰山苍松。
　　秋云舒卷，春水溶溶。
　　疏密成文，河汉列星。

（十二）隽永

拳经揣摩，有景有情，玩味无穷。
　　拳中有景，即景生情。
　　山重水复，柳暗花明。
　　良友优游，其乐难名。
　　景与情会，趣味无穷。
　　如烹鲜鲫，既腴且清。
　　淡妆西子，出水芙蓉。

（十三）自然

"同自然之妙有，非力运之能成"，《书谱》赞语，移状拳法。

    严守规矩，潜化默通。
    心手两忘，自合准绳。
    运斤大匠，解牛庖丁。
    不着痕迹，纯以神行。
    妙造自然，源于苦功。
    自强不息，精益求精。

十一、王宗岳《太极拳论》臆解

前　言

  清代乾隆年间，山右王宗岳著《太极拳论》，论述精辟，言简意赅，久为各式太极拳家奉为经典，其文从阴阳动静之理、学用之法，由外形运动的分合曲直、无过不及的界限，与对抗的刚柔效果的顺背，以至如何由着熟达到懂劲，都讲得有条不紊。学者果能善体其意，照其规矩，持久锻炼，则愈练愈精，从心所欲的神明阶段，亦非不可企及。

  但，此文虽非古奥难解，却非粗读所能理解的。其中术语必须从实践中细加揣摩，方能正确认识。如双重与懂劲的问题，虽文中解为"欲避此病，须知阴阳"，又说明阴阳对立统一关系为"阴不离阳，阳不离阴，阴阳相济，方为懂劲"，却没说出具体方法。虽说"无过不及""差之毫厘，谬以千里"，却未指出以何为界。都不免使学者读后茫然，无从知晓实际运动中的要领。

况且太极流派日多，教者、学者的认识方法、功夫水平各有不同。虽亦有人曾作注解，而仁者见仁智者见智，仍然莫衷一是。即如本文"显非力胜""快何能为"之语，原是批判"先天自然之能"，提醒学者重视"学力"并非否定"力"与"快"的"能"，用意在于学科学的用力方法，善于用"四两"的小力拨动"千斤"的大力，力小、力省则时间自然随之而"快"。有些文人习太极拳者由于未能理解原意，遂强调"意""气"而排斥"力"字，甚至创出"以慢胜快"的奇谈怪论，竟将科学的技术变为唯心的玄学，以致不少后学在对抗中用拙力而互相推拉，毫无太极技巧。凡是爱护太极拳这个宝贵文化遗产的有心人，无不为之忧虑！

我初学吴式于刘慕三先生，即承示以《太极拳论》抄本。后从陈发科师学习陈式，渐悟文中"随曲就伸"之语，即是螺旋运动，通过推手试验，又悟"左重则左虚"是讲手足的配合不许上下全实，以避双重，也从而理解怎样"牵动"才能做到"四两拨千斤"。因此就个人从实践中的知识写出臆解，以告学者。但从陈式理法作为论据，或者有人认为我有偏见。其实王论写在杨式创行之前，因而我则认为王论应同陈论，以陈式理法解释王论，正如以钥开锁，恰恰吻合。是否有当，愿识者鉴之。

太极者，无极而生。动静之机，阴阳之母也。

［解］极是顶点、极限。加一"太"字，犹如我们习惯说的原始。我国古代所谓"太极"，含有一切事物发展变化的开始之意。无极是无的终点。说太极是由无极发生的，完全符合世界上事物发展的规津。

俗语常说："无中生有。"一切的"有"都是从"无"中发生的。宇宙中的"有"是不可限量的，不过人的知识受到生理和环境等条件的局限，不可能一一先预见出来。必须从不知之"无"而有所发现，然后才能有所发明，进一步而有所创造，达到有所前进。发现、发明、创造、前进，又都是依靠科学知识而获得的。但这是外因，它的内因离不开阴阳二气。阴阳之气是互相矛盾、互相推动，而又互相制约的，能推动变化，所以说为"动静之机""阴阳之母"。

动之则分，静之则合。无过不及，随曲就伸。

［解］这几句是说明动静的方向为开、合。开、合的限度要适当而无过、不及。尤其重要的是，它指出了动静的基本规律为"随曲就伸"正是表达出螺旋形的运动形式。

按说动静的开合，只是自然现象，"无过""不及""随屈就伸"则是科学方法。我们联系陈式太极拳的顺逆缠丝，可以体会"随曲就伸"中必然包括着自转与公转。人的动静开合，连初生的娃娃都会，同时也自然会自转和公转。这是人类的本能，也就是内因。至于开合、曲伸的无过、不及，却必须通过学与练，才能做得十分恰当。

但是，本文只讲出"无过不及"，却没有说明以何处作为标准，未免使人迷惑。陈式十六代后裔陈鑫先生（字品三）在所著的《太极拳图说》中提出："两手各管保护半个身体，以鼻为界。"这就比王论讲得清楚些。不过手部运动线路并不经过鼻前，因此我教学生是以手心斜对心口为界。陈鑫先生又提出运动中自转的缠法有顺、逆之分。我根据陈发科师示范动作的变化，在自转的顺、逆变化之中，同时有前后、左右、上下公转，而找出公转正旋、反旋的规律，并从实践中体会出"过则劲丢，不及则劲顶"的规律。

按照以上情况来看，又可以体会到，在身法、步法、手法的上下配合，处处都要严格掌握无过不及的规律，而且是差之毫厘，必然谬以千里。

人刚我柔谓之走，我顺人背谓之粘。

［解］这两句话是说推手、散手的规律。对方用刚劲来进攻，我方必须以柔来走化。乍看起来，似乎不难理解，但在初学者以柔应刚，显然不顶了，但又易出丢劲。

因此，我们必须了解如何用刚和用柔，怎样是柔、怎样是刚，以及刚柔如何配合变化。没学过陈式拳法，或学陈式拳不懂缠法，他所用的刚和柔都不免直线进退，或者懂得走公转的弧线，而不会用自转配合公转。所以在本身的感觉用刚则顶，用柔则丢。陈式的动作不论大小都在旋转，转半个圈便是180°的弧线和点组成的（实则应是由点成线）。与对方接触之处，遇线则感到是柔的，遇点则感到是刚的。但我方的点碰到对方的线则必然会滑过去而又成柔的。只有以点对点，才能显示出刚来。如果双方都是正面的点，又会形成顶劲。谁的劲大谁的动作快，而劲小的、动作慢的就被顶出去。陈式拳虽然需要用自己的点碰对方的点，却用的是旋转中辐射的点，所以劲发而不觉顶。

但又怎样使人背我顺呢？我认为这是和身、步、手法的公转配合有关的。概括地讲，便是自转要因敌变顺逆，公转要因敌变三角形。无论是手与手、步与步，或手与步的配合，都应当是三角形的。

动急则急应，动缓则缓随。

［解］这两句讲到时间也因敌而变，当然同样要求"无过不及"。太极拳交手的规律是："彼不动，己不动"。这个方法是有理有利的，无过不及则是有节的。因为太极拳虽然也可以说是比较高深的一种武术，它的战略却以自卫为主，正符合"人不犯我，我不犯人"的原则，这就是有理的。不先动手，对方无法看出我方的动向，岂不是有利？无过不及，不发着则已，发着则所攻的目标必然准确。同时又可保证自己重心的平衡，更较安全。

由于动作的时间因敌应快则快，当慢则慢，所以练拳也应快慢相间地运动。但陈式要求快慢相间的练法，是指的全套慢则全慢、快则全快，并非一式的动作忽慢忽快，如某所讲的："转弯宜慢"。更不可误认为太极拳是能够以慢胜快的。

虽变化万端，而理唯一贯。

［解］太极拳的理只有一个。按旧的说法是阴阳对立学说，按新的说法就是矛盾对立统一法则。实际说来，有理必有合理的说法。它的基本规律，

只是螺旋运动的顺逆自转和正反公转。由于交手时需要因敌变化，除了眼法必须注视对方，不许随着身手乱转之外，身的左右旋转、步的进退，手的自转与公转的方向和角度的大小，莫不由于对方的变化而适当应加的加，应减的减，而且加减的尺寸与时间要做到毫厘不差，分秒必争。真是千变万化，却还是一贯用缠法进行。所以我认为，明了拳理固然必要，而掌握运用拳法尤为重要。讲理而不懂法，等于善谈兵的赵括徒具虚名。

由着熟而渐悟懂劲，由懂劲而阶及神明。

[解] 这一段话说明从学拳到交手的前进方法和提高的层次。我们首先应当认清什么是"着"。太极拳的着，概括地讲就是太极十三势的掤、捋、挤、按、采、挒、肘、靠八个手法，前进、后退的步法，左顾、右盼的眼法和中定的身法。它虽然分属于手、步、眼、身，又是互相关联的。除了眼法在左顾右盼之中只是中定地前进，而无后退，身法也有中定的左右旋转和进退（左转则左退而右进，右转则右退而左进，更有随着步法进退的位移）。手、步的进退，同样有左右的变化，并且仍以中定为主。没有中定，则进退失据。

"掤"字有两种意义：一是指内劲，即陈式的缠丝劲，它是贯穿于周身，运用各种着法的劲。任何着法如果没有掤劲，即使形式做对了，也是有形无质，不起作用的。一是指着法，它是和对方交手时的引化作用。所以掤着在陈式拳式中，每式的每一动作或转折之处，都是掤着。它有正掤、侧掤、上掤、平掤、下掤、左右掤和进掤、退掤等多种形式。陈式一、二路套路中约有数十种掤着。

我认为掤在太极拳中好比书法的点。字画有横、竖、撇、捺、折、勾，但都是从下笔的点而改变方向才形成的。那以点论，从一个点到几个点，从在上的点（如主字），到在旁的点（如玉字），在下的点（如太字）来看，它的配合方向各有不同。主字的点必在正中，和王字的横画距离也须适当。玉字的点须在王字中间横划的右下侧（犬字的点则在横划的右上方），太字的点则必须偏于大字撇的下侧。而且下笔的时间也各有先后。两个点在上的

59

如羊字，在中间的如火字、曾字，在下的如只字，还有在左旁的如冷、冰二字。三点在旁的如江海，四点在下的如点、鱼。不但配合变化各有不同，用笔的方向也如缠法的顺逆而适当运用。三点水的笔法第一、二点用顺缠法，第三点则用逆缠法。下面四点的第一点用逆缠，末一点则用顺缠。书法尚是如此，掤法当然应当随着来力的方向而变化顺逆。沈家桢著《陈式太极拳》说顺缠为掤，只讲对一半，岂不知逆缠也可以掤。但说逆缠为捋，不但不符合现实，而且完全违反陈式规律。陈鑫说："守规矩而不泥于规矩。"这是指的顺逆缠法必须遵守，却可以适当加减转换角度。我教学生常说：学拳要学得死，即一丝不苟，毫厘不差；用要用得活，即加减适度。

采、捋、挒都是顺着来力的方向，引进落空的着法。但圈有大小、力有分合。采走的圈子高而大，合力多于分力；挒则圈小而分力多；捋走中圈，力则先合后分，分合各半。挤、肘、靠是以肩、肘、手三节互换化劲攻人的着法。按是解决挤肘靠的着法。拳式中每个动作都有这些着法。此文提出"着熟"二字，我认为学拳之初，便须先了解某式某动作是什么着，为什么这样动作，全身这样配合有什么用处，然后加工练熟，才不枉费力气。

着熟之后，为什么又说"渐悟懂劲"呢？我认为如想弄懂所谓的"劲"，首先要认识劲是什么，怎么运用。着是有形的，劲是内在的，它是从形的正确摹仿、细致的锻炼而渐渐产生的。这里说的"懂"应当是指劲的运用，而懂的方法是在练架子和推手的科学试验中渐渐悟出来的，也就是懂得时间和方向的结合与变化。

什么是"神明"呢？这个词不是指唯心的神，而是变化莫测、出奇制胜。关键首在"明"字，而且和上句的"着熟"是分不开的。着由明而熟，则劲又可由明而神。功夫提高是一层一层地前进的。所以，文中所说的"渐悟""阶及"，陈鑫先生曾有"出奇在转关"的诗句，他说的奇，正和这里的神是相同的。不过他说出"转关"二字却把陈式太极之所以神奇指明了。为什么"转关"却可以说明出奇？出奇处在于双方争胜的关键时刻，动作变化角度与时间的毫厘、分秒不差，使对方与旁观者认为必败时，却由于这一"转"而胜，连他本人也有"我亦不知玄又玄"的感觉，岂不令人拍手称奇。这种成效是怎么得来的呢？下面接着说。

然非用力之久，不能豁然贯通焉。

［解］这里说的用力的"力"不是指的用拙力，而是用心学习并持之以恒地锻炼，也正是陈发科师所教导的"按照规矩练对、练熟、讲明、加细、一一试验"的结果。"豁然"二字是"明"的扩大。初学开始的明，只是一着一式的认识，贯通则是全面的，由表及里、由此及波、触类旁通的认识。

按："懂劲"一词首先由王论提出。研究太极拳者亦莫不讲求懂劲。许多书刊讲到懂劲，总不免囫囵吞枣地说，为求懂劲，先要听劲，为了听劲，先要问劲。但用什么方法去听去问，听出问出之后怎样应付，却说不明白。也有人主张学太极拳必须兼学推手，这是合理的。因为拳中的每一动作等于书法一个字上的每一个点画，每个式子等于文中的句子，一套拳路等于一篇文章。学文字，首先要认清字形、字音、字义，然后通过造句，才能渐会作文。学推手犹如学造句子，练散手又好似学写文章，如果字义不明，岂能写出通顺的文章。杜甫曾有"读书破万卷，下笔如有神"的诗句，但所说的"破"，并非真的把书弄破，正是此文"豁然贯通"的意思。所以我认为，推手是练架子后检验所学动作是否正确的一层功夫。至于太极拳的奥妙则应当在学明着法时，由教师讲解、试验便可粗略地领会。有人说，不学推手得不到太极奥妙，这话我不理解。至于说推手须练铁棍，以增力气；又须学摔跤、拳击，以求技术云云，我是莫测高深的。是否太极拳在技击方面一无所有，必待外援，方能有成呢？这个问题需要经过有识之士来探讨。

虚领顶劲，气沉丹田，不偏不倚，忽隐忽现。

［解］这四句讲躯干上、中、下三盘的规律。

顶劲为上盘的主要部分。按说从项到顶都属上盘。顶劲是以头顶百会穴为主的。由于是上盘，所以劲须向上领起。陈鑫先生说：如同用绳子从百会穴将人向上悬起似的。这句话解决了我对十三势行功总歌"满身轻利顶头悬"的"悬"字的疑问。又从而体会出顶劲上领，身部才能轻利。说为虚领，因并非真有绳子悬起，只是想象而已。

"太极十要"第一条为"虚灵顶劲"，可能是误领为灵。因为从百会穴到尾闾长强穴上下成一条线，在杠杆原理方面，它是支点。支点必须中正，不许摇摆。所以拳论又有"立如平准""腰如车轴"的说法。

气沉丹田是讲下盘规津。丹田原为道家术语，在经络学方面即是气海，也可以说是人体的重心所在。按力学原理来讲，重心降低则加强稳度。

但气沉丹田的方法，并非憋着气鼓小腹。陈式拳的气沉丹田与尾骨的动作有密切关系。陈式主张尾骨下端的长强穴要微向后翻，这和社会上习惯的尾骨内收的方向是完全相反的。由于长强穴微向后翻的姿势，可使小腹的下部微向内斜，则胸腹间的气自然沉到小腹；而且同时可使大腿根里侧的大筋放松，裆部开圆，则身体左右旋转的角度也自然放大，不但能加强重心的稳度，又能增强步法的灵敏。

不偏不倚、忽隐忽现这两句是讲中盘腰部规津的。上句要求立身中正；下句说明腰部是左右旋转的，腰向右转则右隐而左现，向左转则左隐而右现。

以上四句话讲明人体上、中、下三盘的基本规律。从文法的次序来看，为什么先讲顶劲，次讲丹田，最后才讲到腰呢？我认为，正是教人学拳掌握规律的次序。因为上下先成为一条线的形状，腰部自然可以中正而不偏不倚。

有人怕学者不能了解顶劲的如何虚领，说为头上轻轻顶起一物。其实顶和领字的劲及动作绝对不同，领是从上带下，顶则以下抗上。还是用"悬"字解释"领"字为好。

左重则左虚，右沉则右杳。

［解］这两句讲左右手足的上下配合。乍从字面上看，似乎使人难以理解。当初我见到一个手抄本为："左重则右虚，右重则左杳"，我还以为这样写才是对的。后来又想到，这样太平凡了，为什么提到拳论上？经过学练陈式推手，才认识到这是讲的手足上下配合，正是避免"双重"之

病的要诀。如果写成"左手重，左步虚；右手沉，则右步虚"，就使人易懂了。

对于上两句话，也有人解作推手规律，即应当"人刚我柔"，似也有理。但对方是否以左手攻我左手，右手攻我右方，都是不一定的。

仰之则弥高，俯之则弥深，进之则愈长，退之则愈促。

［解］这四句与上面两句都是指方向变化。前两句讲的是左右配合，这四句中的仰、俯讲的是高低，进退讲的是前后方向的应付规律。

我们可以体会出句子中的"之"是可以代表敌我双方的。先就敌方动作来讲：敌方向高处採我，使我失中，我随的比他更高；向下按我，我随的比他更低。这个更高、更低不是直线而随，必须采用陈式的螺旋自转与公转，配合身法的旋转、步法的进退，才能达到所需要的要求。对方採我右手，我以右手顺缠上随，随时肘尖向内收转，手指仍高不过眼，冲向他的中心，同时进右步于其裆内，塌下裆劲。从外表看来，手并不高，由于臂部向内弯曲，加上进步、塌劲，使对方自然感到他无论如何想把我引出去，我的手劲却比他更高。这些动作可以参用野马分鬃进右步的身、步、手法。

如果对方进步向下按我右手，我用二路窝底炮的动作，先退左步，继退右步到一尺余宽处，下塌裆劲，同时右臂走逆缠，肘贴右肋，手合在裆中，加大逆缠，使对方感到越注下按其力下陷得更深。进之是对方捋我的手法。我身向左或右转（捋右手则左转，捋左手则右转），进右或左步，松肩沉肘，先进手挤，挤时手走逆缠，肘部以上则走顺缠，而手腕转向他的右或左肋，使之感到我的手臂越引越长。

如果对方按我右臂肘关节，则视来劲的方向，偏上则走顺缠反旋收转肘尖，偏下亦走顺缠正旋沉肘贴肋，手部指向对方，步法或退或进，如十字手、拦擦衣的身步手法，便可使他感到劲难以前进。

但如果我採对方，他以肘法上随，我即用第一金刚捣碓第二动作，劲在左手下塌外碾，或用白鹤亮翅第二动作右手上採，而左手按其小腹右侧。

63

前者是进左步双採法，后者是退右步的右採左按法，都可使他有高不可攀、自行后退之感。如我向下按人，遇着对方以窝底炮的右手加大逆缠引我前倾时，我只要加大左旋塌劲，以右手顺缠向其裆内转进，即可破解。捋挒引进，我身手虽形向后退，只要前手做好下塌外碾，则可感到他的长度赶不上我。採挤的前手随其身的旋转和手的拨按，而沉肘以变手的顺逆缠法和方向的提落前进，亦可使之退不出去。

总之，都要身法、步法、手法的加减适当，而眼法不变，自能收效。

一羽不能加，蝇虫不能落。

［解］上句讲感应得灵，下句讲旋转得快。

人不知我，我独知人。

［解］这两句讲的是战略，当然也包括战术。说到"知"字是大有讲究的。知人的方法，一般是先从外形观察：1.对方和我站立的方向，先看出他在我的前方，或左、右方；2.看他的脚哪只在前；3.看他的身体先向何方转动；4.最后注意他的眼注视我的躯体哪个部位。我们如能经推手、散手的实践中取得经验，便可从外形的观察中推断其动向，而因敌变化适当应付。但是，仍应遵守"彼不动，己不动"的原则，以静待动。

不易知者是内劲的变化，必须试而后知。武术界有个成语说："行家一伸手，便知有没有。"这是说伸手接触，便可知对方有没有真正功夫，功夫的水平是高是低。大抵身高力壮的来势必猛，恃力以求速胜；来力必然直而硬。我方身、手略一旋转，便可引进使之落空，甚至反跌出去。对方来劲较柔，而且善于旋转变化的，便应提高警惕，而因敌变化。

怎样使人不知我呢？如要使人不知我，首先在知人之先，能有自知之明。自知是知个人所学拳套的着法作用和其变化，并且善于在什么时间变什么角度，恰如其分地、毫厘、分秒不差地去适应对方的变化。能做到这个程度，便是懂得陈式规律的对手，也难以预知我将怎样转变。何况陈式的转关出奇处，不完全是弧线，而是反"S"或正"S"形的。它的横、直、斜、正又是周身多变的，不但人不能知，我也不能预知。陈鑫先生诗云"我亦不知玄又玄"，确能道出实际情况。

英雄所向无敌，盖皆由此而及也。

［解］这两句总结全文。由于所向无敌，因被人称为英雄。而无敌的效果，来源于按照所讲一切规律，持之以恒地锻炼日久，由着熟而达到懂劲、阶及神明的水平。文中的"此"字即指上文讲的规律。

陈鑫先生所著《太极拳图说》开头订出学拳须知的戒律。他说："学拳必先明理。"我认为所说的"理"一方面指拳理，另一方面则指为人处世的道理。所以又说："会拳后，不可手狂、口狂。"手狂固然易招是非，口狂也会招人厌恶。他解释为："说话谦和，胜则少招人忌，败亦少招人耻笑。"总之，谦虚谨慎是为人的基本规律。在武术方面，便是武德。

斯技旁门甚多，虽势有区别，概不外乎壮欺弱，慢让快耳。

［解］从这一段至下文"快何能为"是介绍太极拳法与其他武术不同之处。

"斯技"二字泛指武术，"旁门"二字是说各种套路。虽然姿势配合的不同，大多数都是体壮的胜过体弱的，也就是手慢的胜不过手快者。

有人认为此文"旁门"一语涉于自骄，而轻视其他项目。我则认为，作者只是概括论述，并非意存轩轾。

有力打无力，手慢让手快，是皆先天自然之能，非关学力而有所为也。

［解］这一段指出先天自然之能和学的比重。启发人要重视学，而不可自恃天然条件。因为玉不琢不成器，内因与外因必须结合起来，才能有所前进。

察四两拨千斤之句，显非力胜，观耄耋能御众之形，快何能为。

［解］这段引出有关诗句和曾见的事实，以证学的成效。

65

四两拨千斤之句，乃无名氏所写《打手歌》中第四句。意为体察句意，可以证明用轻量的四两力便可以拨动千斤之重，显然不是用拙力致胜的。再看约八九十岁的耄耋（音同猫蝶。八十为耄，九十为耋）老翁能够抵抗众人的形状，年青体壮的手快，又何能为力呢？

文中虽说"显非力胜""快何能为"，但我认为作者并非完全否定"力"和"快"的现实。作者所注重的在于"学力"。因为有先天自然之能的力与快，加以学力，则用少力而效果更快。我赞成《九诀八十一式》对力的解释，它说，句中虽指出"四两""千斤"，只是极言用力合乎拳法，则小力必能胜过大力。并非一定只用四两的劲，而且后备力量是同样需要千斤。

不过有些文人编撰的太极拳书刊，往往误解为力是废品，而提出"用意不用力"，甚至把意字说得神乎其神，如波力刚挨我皮毛，我意已入波骨里。又有人又加上"气"字，如说波之力才挨我皮毛，我的气已入波皮里膜外之间。既然意、气如此神妙，何以王论中无"意"字、"气"字，而只讲学拳、练拳、用拳的形式与时间、方向的配合，以及劲的如何求懂呢？

有的书上介绍武禹襄力举三百斤，郝为真有数百斤之力，我也亲眼见过陈发科师将体重二百余斤的李剑华同学高举过顶。可见有力不是坏事，全在于以科学的方法加以运用。

也有不少太极拳家改力为劲，说是力由骨出是硬而直的，劲由筋生是柔韧的。但我们看太极拳推手比赛，许多人又多用力顶、拉，而缺乏技巧。推其原因，可能由于学的方法不合力学，遂致有此现象。

立如平准，活似车轮，偏沉则随，双重则滞。

［解］这四句又重述太极拳的静动规律和运化方法。

"平准"即社会上常用的天平。旧式的天平是中间一个立柱，上有活动杠杆，杆上各拴细绳，下面各平挂盘子。称物时，一个盘子放东西，一个盘子放砝码。砝码刻有分量。这里用平准来比喻太极的躯干要中正不偏，等于力学杠杆的支点，盘子等于两手。接触对方的手如同加上什么物件，就像一定分量的盘子，是重点；另一只手如同砝码，可以起平衡作用，等于力点。陈鑫也说："拳者，权也。"可以称量来力的轻重，和王论的见解都是符合力学的。不过我们称物是要求力点与重点平衡的，拳法的运用则是一方保持本身的平衡，同时又破坏对方的平衡。来的分量重则减少砝码，使来力反折回去。而且陈式的秤砣有两个，在后面的后膝下垂，以加强自身的稳度。在手部砣的作用又不限一处，全在自转与公转配合变化，因敌之动，而随时移动，更为巧妙灵活，但也更难掌握得毫厘分秒不差。

下句以"活似车轮"为比喻，刻画出太极拳手足运动的形象和作用。是车轮就得有车轴，轮子旋转，而轴在轮的中心并不摇摆，这是动中的静，恰和上句平准的静相似。平准有两个盘子，称物体时又必然从静而动，可以说它为静中之动。

偏沉则随，犹如秤盘与秤砣的配合，车轮的旋转，双重则滞，犹如关上了闸则转动不得。"双重"这个名词，是王宗岳首先提出来的。许多研究太极拳者对于这个问题，各有所见，后面我再详述自己的看法。

每见数年纯功不能运化者，率皆自为人制，双重之病未悟耳。

［解］这一段说明双重之病的"滞"，在于不知运化。要想运化，必须先认清什么是双重。

欲避此病须知阴阳。

［解］"阴阳"是我国古代哲学的总符号，它可以代表事物矛盾的两个方面。王宗岳是深知阴阳道理及其配合变化的。文中从阴阳谈到无极、太极、动、静、分、合的过与不及，交手中的刚柔，走粘效果的顺背和时间上的缓急，最后总结到拳法的变化万端，拳理的一贯。彻底了解阴阳的理法，亦即认识矛盾的对立统一法则，也就真正懂得太极拳的奥妙。他把个人的认识写出来留给后学，大家奉之为经典著作，是当之无愧的。

67

粘即是走，走即是粘，阴不离阳，阳不离阴。阴阳相济，方为懂劲。

[解] 这段文字又把前文"人刚我柔"谓之走，"我顺人背"谓之粘的粘、走对立，进一步统一起来。粘、走怎么能合一呢？是由于"阴不离阳、阳不离阴"，"阴阳相济"的道理而形成的。能够知道这个道理，方能真正懂得劲的刚柔相济和阴阳互不分离是一个道理。

这段文字在理论上，可以说是讲得十分清楚恰当了。但是在拳法上怎样才能用动作来证明理论，而使学者了然于心中呢？我认为只能用陈式太极拳的自转顺逆缠法和公转正反旋法通过试验，才能真正体会如何阴阳相济，即刚柔相济，而表现为"收即是放"。

首先我们要知道陈式的任何动作都是螺旋形的，它无论在躯干上，肢体上，甚至一个指头上都离不开旋转运动。公转的弧线是配合自转形成的。公转不是只有弧线，而是反"S"或正"S"运动，如同螺旋桨的形式。凡是与对方接触的任何肢体的任何部分，立刻顺着来力的方向用自转的顺逆和公转的正反随着变化方向，这就是"人刚我柔"的"走"法。走是化去来劲，并不是走开，所以柔也不是软弱，而是圆转。闪展腾挪是陈式所忌的。但陈式战术也并非全无闪展腾挪，而是用螺旋运动的"粘黏连随"来适应的。我们试用螺丝钉作为比喻，上螺丝钉是前进的走，卸螺丝钉是后退的走，因为有螺丝纹的关系，不能硬顶进或拔出去，好像粘住似的，这就是走即是粘。

我们再以螺丝钉的阴阳为喻。螺丝钉帽是阴，钉尖是阳。上螺丝钉和卸螺丝钉，都是以钉帽拧转而进退的，而且螺丝纹的两旁也有阴阳相济的作用，凸的纹为阳，凹的纹为阴。纹如没有凸凹，便无阴阳了。观察它的运动形势是螺纹同时一左一右、一上一下、一进一退地旋转着，同样不是孤立运动的。螺丝钉运动是陈鑫先生曾举作拳法进退比喻的。但这仅是一个物体的简单运动。太极拳则是全身运动。躯干要求中正不偏是竖立的螺旋纹，两腿是向下斜的螺旋纹，两臂又是可向上下、左右、斜正而因势变化的螺旋纹。它的螺旋方向确是变化万端，劲的虚实、刚柔、开合更是难以揣测。虽然全身官能都像钟表那样，大小轮轴各有所用，而躯干还是主要的。所以拳论说："主宰于腰。"由于腰的旋转带动手足，则手足的配合也不可忽视。此文提出"双重"问题是必须研究的。

各种有关太极拳书刊对于这个问题虽亦非常重视，但其说不一。有的说马步的重心在中间，两足平均支持身体重量，即为双重；有的说交手时双方用力顶抗乃是双重。因此，也有人主张在运动中把重心全部移于某腿，或者提出单重的口号。最奇特而又可笑的是，有个无名氏写的《太极拳轻重浮沉解》中竟说：双重是病手，双沉是功手，自尔腾虚云云，又创出双轻、双浮、半沉、半浮之说。不知王论所说双重之病讲的是手足虚实配合运化，着重双字，不是专讲字眼上的重或沉。如果换了字眼，便可转病手为功手，重和沉字的意义不是相同的吗？怎能变病为功呢？我认为这是文人习拳未通理法却自作聪明，舞文弄墨，贻误后学。也常有人厚古薄今，遇到旧文，便奉若珍宝。沈家桢在《陈式太极拳》一书中，将此文列表引用便是一例。因此我认为，学前人文章，必须取其精华弃其糟粕地批判接受，对于当代文人，则要尊以师礼，择其善者而从之，其不善者而改之，才是学习的科学态度。

我对于双重、懂劲等问题的认识过程，也走过许多弯路，顺便在这里写出来，作为后学的前车之鉴，也可作为研究的资料。

我初以刘慕三先生学吴式拳时，即以所抄各篇目有关太极文字见示。对双重问题，刘老亦从俗说以马步便为双重。我始而相信，后渐渐生疑。以为如果马步由于重心在中间，两足平均负担身体重量便为双重之病，只要把一足提虚就行了，怎么吴式的单鞭仍保持马步？马步究竟比一虚一实的步子较稳当些，为何说它是病？而且王论说"每见数年纯功，不能运化……"，纯功而且数年，仍然不悟双重之病，可见不是变双为单便会运化。直到学陈式数年，经过老师讲解、试验，才悟到双重是指的手足配合不许上下全实。陈式的练法、用法前手前足都是上实下虚。如第一捣碓的左进步探法之左肘下塌外碾为实，而左足前进为虚；第二捣碓的左手前掤为实，则左足尖外摆为虚，右手前按时提进右足，又是手实足虚。但从练时观看，看不出何手为实，一经试验便知对方的手是前者在我左肘下面，后者在我左腕上面。前者我摆右足尖以便进左步，后者则摆左足尖以便进右步。腿部如果与手部上下同实，不但不能前进，连足尖的外摆也不可能，这就证明"左重则左虚"以避免双重的妙法。拦擦衣右肘沉而进右步的道理、方法也是如此。

手足上下配合不许双重，手与手的配合也不许双重。如六封四闭的双按、抱头推山的双按，由于身法是侧着的，手部发劲的分量当然随之一轻一重，都是右手重于左手。再看步法的三角形，也可以体会出足与足的配合同样是前发后塌。

陈鑫先生讲三节最细。他说：以一臂而言，肩为根节，肘为中节，手为梢节。以一手而言，则腕为根节，掌为中节，指为梢节。细分析到一指也有根、中、梢的区别。所以三节之中还有三节。总地讲来都是浑然一体。他的著作中又常讲到何手为主何手为宾。起初我也不懂，近些年来我从和同志们试验中才逐渐认识到整个躯干、肢节处处有虚实配合变化，同样处处不许双重。我们试验的拳式经常是抱头推山的第五、六动作。第五动作的右肘走顺缠反旋，作用是锁住对方卡在我右臂弯的左手腕部，同时进右步于其裆内贴其右腿里侧，再以双手按其胸部。在我方来讲第五动作是右肘为主。当对方左转进了右步，双掌按胸之际，只要随来势身略下塌左转，用左手中指走顺缠向他的右前下斜角拨转他的右臂弯内侧，即可轻松地使来劲落空。从这个小动作便可以分析出何处为主。如果左右手一齐用力反而不生效果，但如中指拨时余指齐动，甚至肘部也动，也等于犯了双重之病。但是，虽然这时的效果重在左手中指，它和身体的旋转方向，裆劲塌得如何，都须配合恰当，特别是眼法必须注视对方。此式眼的方向与身的旋转方向是相反的，如果随身之左转而眼光左移，便为丢劲而功败垂成。因此，我进一步认识双重问题，虽然首先从手足上下配合来研究，仍离不开上下相随的原则，眼法和尾骨长强穴的方向正确否，更是关键之关键。如从内劲的力学关系来讲，又是从重心的能否随遇平衡而决定其胜负的。

按拳论"立如平准""腰如车轴"的比喻是完全合乎杠杆原理的。古人虽然还不可能懂得杠杆原理，他们提出太极拳的规律，却是符合这个原理的。因为平准的立柱、车轮的横轴都是支点，支点是不能移动的。我早年学吴式拳，进退步时重心并不前后左右移动，陈式更是如此。不知从何时、何人变为重心移动，甚至《陈式太极拳》竟写为"重心全部移于某腿"。从此有些人遂以为这才是虚实分明，不知虚实分明一语，不但违反哲学道理，而且不合现实；对立统一的东西，哪能硬行把它分割而孤立起来。对其他套路由于我没学过，没有发言权。唯对陈式动作，我则坚持重心随遇平衡的原则。在教学时，必谆谆解说，严格要求。

能知道上面讲的一些问题，是否便能懂劲了呢？我认为，这是懂劲的一种知识，真正懂劲在于科学试验的反复实践。

学拳的科学试验方法。推手当然是其中之一。但是我认为这样还不够全面，而且试验的对手和机会也是较难选择和遇到的。最好的对手首先是明师，不过学者不可能每天纠缠着老师不放。其次便是良朋，同学中的良朋还比较多些，却不可能都有一定的时间来共同研究。而且同学之间，注注互相尊重以保友谊，难以尽量发挥所学的心得。最好的试验对手应当是学有成绩的学生。我们先从"着"法入手，一面讲解每式第一动作是什么着法，应当怎作好形式方面的配合，同时试验缠法怎么运用，体验缠丝劲的变化和效果，天长日久，不但学的人因学而明，教的人也由教而熟，教学相长，在不知不觉中便可遁序渐进。我对陈式太极拳的知识，就是根据陈师教导的规律，又以学生为师，从科学试验中点滴积累而来的。

懂劲后，愈练愈精，默识揣摩，渐至从心所欲。

[解] 这段教人学而有得后不可自满，仍应加以精进。

"懂劲"从学而练，从练而试验，一步一步地逐渐而懂的。也可以说是由外形的细心摹仿而过渡到内在实质的产生。学无止境，仍然从练中的熟以达到精的阶段。什么是"精"呢？细致入微，一丝不乱，就是精的水平。精是怎样得来呢？须要在练中默识揣摩。默识（这个"识"应念同"志"音，是记住的意思）是暗自记住。记什么呢？就是记住在试验中的成就和失误，连同对方的动作变化加以揣摩思考，悟出一切适应的道理和方法，渐渐地又

71

可以从心所欲地解决任何意外的新奇着法。"从心所欲"是孔子讲的，后面还有"不逾矩"三字。我们对陈式太极拳法，同样是以静制动，以不变应万变。也就是以基本规律——缠丝劲应付变化万端的着法。

本是舍己从人，多误舍近求远。所谓差之毫厘，谬以千里。学者不可不详辨焉。

［解］这是结束语。它指出不但拳的着法运用要因敌来势而要舍己从人，学习拳的理、法，也要抛掉个人的成见，而服从正确的指引，不可好奇务速而舍近求远，一入歧途则差之毫厘，谬以千里，而成败相反。末句要求学者在关键之处加以详辨，以免自误。

我们先研究文中提出的"近""远"是什么。从拳的套路讲，太极拳的理、法为近，其他套路为远。从拳的来源来讲，太极拳的动作根据于生活，则生活的动作形式为近，脱离生活规律的为远。我更认为陈式太极的动作完全接近生活，连陈式基本规律也是生活所固有的，而且是须臾不能离的。因此，我经常以生活来体验拳法，教学生也常举生活动作为例。大家都承认这样解说易于领悟。研究太极理法而脱离生活，固然是舍近求远；舍开太极拳的规律，而学其他套路如摔跤，甚至柔道之类，以求有助于推手功夫，更等于缘木求鱼。思想方法上的毫厘之差，也能致千里之谬。所以王宗岳教学生详辨者，辨理、法之是非也。

十二、学拳回忆录

发科先生身世

河南省温县常阳村，自明代洪武七年因由山西洪洞大槐树迁入之始祖陈卜而称为陈家沟。世传太极拳法，至十四代长兴公的弟子杨露禅教拳于北京王府，而名扬于世。

发科先生字福生，为长兴公之曾孙、延熙公之第三子，乃陈氏十七代之名拳师也。

发科先生妻某氏，生二子一女：长子照旭，字晓初，乳名小龙；次子照奎，乳名太保；女名豫侠，适史栋华。有孙小旺、小兴皆照旭子；照奎子名喻。皆能传其家学。

发科先生来京传拳动机

1928年前，先生堂侄照丕从业药材行，由里（注：家乡）押运货物来京，寓于前门外打磨厂天汇药行。时北京已流行太极拳，习拳者无不知杨露禅之拳法学自河南陈家沟。闻照丕为陈氏后裔，且工此拳，因有多人从学。久之，南京特别市政府闻名以高薪来聘。

先生自言："尔时从照丕学者虽众，拳套尚未学完，而南京聘礼为每周二百元高薪，学者既难阻其不往，又惜于半途废学。照丕见群情惜别，去留两难，因表示解决办法，说：'我之拳法学自三叔，我叔拳艺高我百倍，不如请我叔来北京传拳，我往南京就业，双方都有裨益'。于是敦邀我来北京。"

先生自言："我是1928年来北京的。初来时，曾住在学生刘子诚、子元家，教他们学了陈式一、二路及单刀、双刀。他们家在枣林大院，有两个小姑娘名叫月秋、月华，她们也跟着学得不错。"（我曾见这姐妹俩一同表演。她们扎着两个小辫，穿一色的紫短衣，练得都是那么柔和轻灵。穿梭的前跃，裹身鞭的横跃，跌岔的仆腿，一跃便丈余远，仆腿则腿肚贴地，实为可造佳材。我于1956年再次赴京，见到子诚，则患半瘫初愈，子元已不再练；尤可痛惜者为二女均因猩红热病传染，双双死去！）当时北京武术界较有名气者，如许禹生（名宠厚）、李剑华（东北大学教练，八卦最有功夫）、刘慕三（江苏无锡人，在北京电报局任报务主任，工吴式太极）、刘睿瞻（医士）及沈家祯（1963年著《陈式太极拳》而得名）等皆从发科师学。前后30年授徒不下千数百人。我是从1930年拜师学拳者之一。可惜众弟子无一能如杨露禅之功深艺高，而我实师门中最不成材者，有负师教多矣！

我因病学拳经过

● 幸遇良师

我自幼多病体弱，从17岁即因病辍学，20岁婚后，自知病源为懒于运动，乃力纠旧习，每晨外出散步两小时。北京先农坛、天坛、济南大明湖、趵突泉皆常游之地。自是病渐减退，身亦略健。但每逢换季、春夏及秋冬之交，寒暑突变，体仍不适。1929年冬，忽染冬瘟，卧床3月，至1930年病愈。同院邻人周怀民（名仁，无锡人，供职北京电报局，善画山水，今为民革监察委员）介绍北邻刘慕三先生，从之学吴式太极拳。数月后，见北京实报刊登名武生杨小楼从陈沟陈发科拳师学拳后，身体转健，能演重头戏的消息，于是辗转托一原先生邀请陈师至刘家授拳。当时从刘老学拳的电报局职员三十余人都来学习，我亦从此拜发科为教师。

当我学吴式拳之初，刘师言："学此拳应动作缓慢，练得越慢，功夫越好。"也就是功夫越好，才能练得越慢。陈师初来刘家，寒暄之后，表演了陈式一、二路拳，大家都准备以一小时以上的时间，瞻仰名师拳法。不料两路练完，只用十余分钟，而且二路纵跃神速，震脚则声震屋瓦。陈师表演后稍坐即辞去。于是大家纷纷议论起来。有的说练得这么快，按"运动如抽丝"的原则来讲，岂不把丝抽断了；有的说震脚不合"迈步如猫行"的规律。刘师则说："虽然动作快，却是圆的；虽然有发劲，仍是松的。我们既请了来，便应学下去，等学完拳式，再请教推手。如果比我强，就继续学完二路。"这才一锤定音："学。"

开学之初，我向陈师请教的头一个问题是："动作究竟应快，还是应慢?"师答:"初学应慢,以求姿势正确。熟能生巧,久之,自然能快而且稳,交手时则快慢因敌而变。慢练是学拳的方法,不是目的。但动作慢些,腿部负担时间较长,也有益处。"从此我便安心学下去。但是我的学拳方法,值得一提,以供参考。

我的学拳方法,是先看后练。由于同学三十余人都是北京电报局职工,只我一人是无工作的初学者。起先是为了礼貌,让师兄们先学,学完上班,我总是等到最后才学。这样看了几天,觉得看得熟些,自己学时,心中就较为清楚,动作自然顺遂。我师的教拳给了我看的机会。不论多少人学,他总是一个一个地教。比如二十人学,每人平均示范五次,便可以看到一百次。这样脑子里先有了印象,则学时必然会容易些。几天之后,我又分了次序细看。先看手法,次看步法,再看眼法和全体的配合方法与时间,我初步记准了全身动作的时间与方向,但整个套路练得不多(每天只练两趟),而单式子却练得不少。其方法是:将学会的式子,逐个向我师请作示范,我师亦不厌其烦地有求必应。我的动作和我师的示范略有不似,就反复做百余次,必尽肖而后已。所以我从1930年从师学拳至1944年将有15年。从那时至1956年离开我师将13年之久,而我师的拳式,甚至示范的神情,都能在我脑子里如电影般地很快映出来。我与山东广播电视台来访的同志说:"我因体弱练套路虽懒而未多下功夫,但脑子却还不懒,至今记忆犹新。"因此,1956年我重返北京谒陈师求为复习,我师看我练过一、二路后,说:"拳式未错,功夫也有不小的进步。"

谈了我的学拳方法,再说说我师的练功方法。

● 功夫全在苦练中

陈师常言:"学武比学文更难。"学文,只要聪明善记,便可以自由运用写出文章;学武则不但要学得正确,而且要练得精熟。坚持锻炼在不知不觉中将功夫练到全身,才能因敌变化,运用自如。所以学练必须结合。

我师自言:"我有兄,青年时因瘟疫流行,先后去世。我是父亲60岁以后出生的,自幼为父母所偏爱,饮食无节,腹内生有痞块,每犯病,疼得满床打滚。虽然明知习武能够祛病，但因体弱而懒，父母不肯严于督促，所以长至14岁，尚无功夫可言。尔时，我父受袁世凯之聘，教其公子，不暇顾我。父的一本家哥哥伴我常一同下地劳动，晚间常有同族叔伯们聚而闲谈，大家都指我说：'他们这一支，辈辈出好手，到他这孩子，14岁了，还病得这样，岂不从他这一辈要完了吗？'当时我虽年小，听到这话也很羞愧，自己从内心立志：绝不能从我断了拳法。想到我哥功夫不错，只要能赶上他，心愿已足。但同饭同宿，一同下地，也一同练拳，我的功夫如果长进，他也必然长进，怎么能够赶上呢？为此，每日食不甘，睡不稳。三天后，晨起下地，走至半路，我哥忽然想起忘拿今天地里用的工具。他叫我快跑回去拿，说：'我慢慢地走着等你。'于是我连蹦带跳地跑回家去，取了工具赶上了我哥。干完活，回家吃着饭，我心里琢磨'你快快跑，我慢慢走着等你'，这句话。联系到练功，我如果加上几倍下功夫，岂不是有赶上哥哥的那一天。从此暗下决心，不告诉我哥。每天饭后他歇晌，我练拳，夜里睡一小觉，也起来练拳，每日至少练60趟，多则上百趟。如此专3年有余，在我17岁时，腹内痞块都消了，身体发育得强壮了。我先向叔伯们问明推手方法，才向我哥请教推手。我哥笑说：'咱家兄弟子侄们都尝过我的拳头，因为你年小体弱，不敢打你。如今你身壮禁住摔打了，来尝尝我的拳头滋味吧！'说着我们就交起手来。他本想摔我，那知三次反被我摔了。我哥生了气，对同族人说：'这拳当有诀窍。我们不能练了，你们看，连从前不行的，倒比我强了。'其实这三年中，我父一直没回家来。哪里有的什么诀窍呢？不过是三年来照着学的规矩，苦练而已。"

陈师说："当此时，我父由外地回家，见我拳架大有进步。是年冬季，有一天，老人高兴，站在场中，叫众子侄们一齐来攻。那时我父年已八十余，身穿棉袍，外加马褂，两手揣入袖筒。孩子们的手刚接触老人身体，只见他略一转动大伙便纷纷倒地。"师自谓："我如发人，必须走开架子，像这小小的动作，能起效果，我的功夫还差得远。" 但我师来京后，我见他和许禹生、李剑华等素有功夫者研究着法，也是一转动便被发出，足见师之功夫，亦臻精妙之境。这种进步，仍然离不开一个"练"

字。顾留馨说："陈师到京数十年，每日坚持练拳三十趟。"我虽未闻师言，而我师每住一室，不久则室内所铺砖地必有数行破碎。我师在闲坐中，又常以手交叉旋转，并嘱我也这么做。当时我不理解这是练什么功夫，日后方悟此乃体会缠法功夫。

● 循循善诱 理精法密

我师常说："拳要学得细致入微，方能练的逐步前进。功夫，功夫，下一分功夫，得一分成绩。功夫下的和我一样，则成绩也和我一样。如果功夫下得比我还深，成就必然超过于我。这个学问是不能投机取巧，不劳而获的。"又说："任何技艺名家之子孙，都有优先继承的条件，却无继承权，因为它不是财产物件，凡是子孙，就是当然的继承人。有人来学，我恨不能钻到他们肚子里，很快让他们学到手，但是办不到。教拳只是当好向导，路还是须自己去走。走得快慢、远近、能否到目的地，都在自己。不过方向的准确与否，却全在向导的指引。"

我师在教拳时，既现身说法地叙述了自己练拳成功的过程，又谈到人的秉赋与锻炼的方法。他说："人的天赋虽有聪明与愚笨的区别，而相差却不甚远。聪明些的学者，当初学时，必然接受得较快，但往往又以聪明而把事情看得过于容易，不肯多下苦功。笨人有三种：一是笨而不肯承认笨，反而自作聪明，这样的人是无可救药的；也有的人自己承认笨，而有自卑感，认为反正不如别人，学也学不好，索性不学；只有自知己笨，却有志气，心想：同样是人，为什么别人能学会，我就不能学会？我一定要学会，而且学好，不但赶上别人，而且要超他们。这个笨的学法就是：人一能之，己百之；人十能之，己千之。"即古书所云求书的次序为：博学、审问、慎思、明辩，更重在'笃行之。'"

陈师教人从不保守，用我师的话说："不保守，还教不会、学不好，为什么保守呢？"所以学生们每问必答，而且详解动作的作用，是掤、捋、挤、按什么着法，同时为做示范动作，数十次不厌其烦。当时北京教太极者，都是教完一趟，便教推手，据说是为了从推手中求得听劲以至懂劲。

77

实则活动身体有余，怎么懂劲，还须研究。我师则教完一路，必定练过半年以上，再学二路，而且不早教推手。我师说："推手是对抗的初步功夫，也须在学拳时便明白什么动作是掤捋挤按，採挒肘靠，怎样运用和怎么随化，拳的功夫不足，说也无用。虽然同学之间研究推手，也会各自产生怕输而又想赢的思想。由于怕输，化不开对方来着，便顶一下；对方感觉他顶住了，不失重心，为了想赢，又加点劲，虽然不对，但却赢了。于是你用劲，他也用力，结果必然双方养成顶的习惯，违反太极不丢不顶的原则，而误入歧途（当前太极拳推手比赛。几乎双方都是互顶，力大者胜。哪有太极拳的技巧）。"

我师偶然高兴，便于教拳式时择出某式，说明某动作是什么作用。如教六封四闭则说第三动作是左捋法，先用左手缠住对方进攻的左腕，以右腕加于对方左肘关节上侧，随其来势身向左转，左腿塌劲，右腿放松，此时左手为后手，顺缠贴腰向里缠；右手为前手，松肩沉肘，下塌外碾地顺缠，配合左捋，左手是引进法，右手是外拨法，使对方欲进，又行落空。他边说边做实验，然后教学生捋他，何处不合规律，则又做示范，使学生明白并做对，捋法之时，他先是被动，随即主动变换劲路，使学者从得机得势中又变为背势。然后又教以如何随化。所以学者经此番指引，教一着，必明白一着（陈照奎将左手变为逆缠，手不贴腰，而向左上扬，且两手相距超过一前臂宽。沈家桢则在其所著《陈式太极拳》书中说"逆缠为捋"，违反陈师教导）。1956年我再次赴京请我师重为我纠正式子时，师谓：此拳无一个动作是空的，都是符合手部八法的。因逐式逐动为我讲解、试验将四月之久，我方理解陈鑫先生讲的"理精法密"之语为真实不虚。所惜者学拳之人往往学过一套，便自止不前，实则等于小学毕业，自然不懂中学以上课程。

● 精妙的艺术

陈师常言："学无止境，艺亦无限度。"济南老拳师延崇仁（广饶人，今年已九十有二，工燕青捶及少林缠丝）也说："传统套路着法都是好的，但看谁使和对谁使。"可见老人心理完全符合辩证哲学，而谦和为本。

我师自言："某年，红枪会包围温县，县府邀我护城。时县署已先有一武师。闻我至，遂来较艺。我正坐在堂屋八仙桌的左侧椅上，方欲吸烟，左手托着水烟袋，右手拿着纸媒。他从屋外来，进步便发右拳，然后喊了一声：'这一着你怎么接？'我方欲起迎，站起一半，拳已抵胸，我以右手接其右腕向前略送，他已仰跌门外，二话没说，即回屋卷起铺盖不辞而别。"我听到后，深信我师确有这样水平的，但不知怎样能这么快就一触即发。后来方知虽然仅用一只右手迎敌，实则还是用的金刚捣碓第一动作，不过圈子缩小，缠法加速的作用（1962年我在病后，有学生用右拳进攻，刚速之至，我不经意地抬右掌迎之，刚接触对方右腕外侧，他便飞出丈余，也是此法）。

刘慕三先生当学完一路，单独请陈师教给推手。我们都认为：刘师习吴式太极已十余年，拳理拳法素为京中武术界赞扬，与陈师相较当无大差别。谁知接手后，刘师步法先乱，如同三岁小孩被大人拨弄，而且不慎关节的韧带被挫伤，疼了一个多月。陈师于事后说："我大意了。刘师也有些小顶劲（可能是有些紧张之故）。我缠得略为紧些快些，以致失手。"从此我们真不敢请陈师教推手。陈师笑着说："只要松开转圆，便能随化，我和你们试着注意些是不会有什么损伤的。"（我听师弟冯志强说：与师推手，往往要震得恶心呕吐。但1956年我和陈师研究推手三月余，虽然一发便出，从未感到这种现象。可能由于我根本没劲，所以不会感到反作用力的大小）。

许禹生是前清贵族荣禄的后人。当时身边武士甚多。许自幼好武，功夫练得不错。民国后，许为北京体育校长，甚有名望。和陈师学拳，陈师以其年长又夙有盛誉，允以半师半友传艺。一日许言解破左手拿之法为：以右拳用力猛砸左臂弯，则左手可以撤出，随即以右拳上击对方下颏。陈师戏与试验，当许欲砸，我师将右手指加紧缠劲，许竟嗷声跪地。后来他对人说："我师功夫高我百倍，武德尤令我心服。当初交时，师照顾我的名誉，以友相待。今虽遍邀北京武林，当众拜师，我也情愿。"陈师亦赞美许之功夫，发人有干脆劲。

某年，许主持北京武术擂台赛，欲聘陈师为裁判。师辞以：只会陈式，不懂其他拳种，裁判欠当，致损令誉。许乃聘为大会顾问，遇事协商。当议对赛时间，众拟以15分钟为度。师谓15分钟之久，既拼体力，也徒有胜负，况日与赛者数百人，每小时才赛四对八人，须几天才能赛完？众以为合理，征求我师意见。师言："3分钟何如？"李剑华说："3分钟够吗？"师言："这迁就大家。如按我意，则口说 一、二、三，甚至只说出一字，便胜负立判，那才叫武艺呢。"剑华见老人高兴，果然双手用力按在我师右臂（时我师以右臂横于胸前），师略转即以右肘发出，将体重二百斤的剑华发起尺许，发出数尺，将许禹生室内墙上挂的照片碰得纷纷落地，众皆大笑。剑华也笑说："信了，信了。可是把我的魂都吓飞了。"我师笑问："你怕什么？"李说："要伤了我呢？"师说："你哪里疼了？"剑华细想想：只是感到我师右肘刚刚挨着衣服，便腾然飞起。李落地时，脊背蹭着墙壁，礼服马褂有一片白灰，仍打不掉，原来劲大且速，将石灰弄到布纹中去，经用刷子刷才算干净。一时无不赞服，叹为绝技。

陈师说："力与巧是应当善于结合的，但力是基础，巧是拳法。当有人突然用力袭击我时，应以力接力，使不致动摇重心，而变法应付，但功夫深时，却又不须以力接力，来力一触即转，使对方的力被引进向前倾跌，或反向后面仰跌。我对剑华来力是引而后发的。例如钢铁，造机器它是必备的首要原料。将钢铁造成机轮、零件，又须合乎规格，然后安装起来，方能操纵。学拳不明白拳法中每一动作，如同机轮的重要，不求细致正确，怎么能行？"其实陈师是有力的。我曾见过一次，陈师因剑华说凭我这二百斤的体重，对方就不能奈何于我。陈师一时高兴，就说："真的动不了你吗？"说着一手贴李项部，一手握李脚腕，将他平举起来。以肘发出去是力与巧合，而举起二百斤的活人，却是非真正臂力过人莫办。

某日，来一位客人，自称是民国大学（私立）派来商请陈师前往该校传拳。陈师问知该校数月前聘了一位少林拳师，原系挑着挑子沿街叫卖炸丸子的小贩。陈师便说：要我去得有条件，不能因请我而辞退那一位教师。来人允许到校协商。陈师被邀到该校大接待室。该处原系前清某王府的大殿，房屋高大，地上铺着二尺见方的方砖。陈师与主事人见面，重申了前语。后即表演拳法。当练到双摆莲后跌岔时，有一个震脚动作，不料一经震下，竟将二三寸厚的方砖震碎，碎块飞到旁观者的脸上，还感到疼痛，如同在砖上扔了个手榴弹似的。表演后因该校不愿请两位武术教师，陈师遂以自己无教学经验辞而未就。在回来的路上，师向我说："偶然不小心，给人家毁了一块方砖。"我问："震脚怎会有若大分量？"师答："这是震脚时，周身的三五百斤力量经过松沉而集中在脚上，然又和时速结合起来，方有作用。"事后数年，我才体会我师并非不小心，而是有意识地留下这个纪念，表示不教并非无能。

当时北京西城有个新开辟的土马路叫成方街，是南北大街，路面宽约十余米。一日师和一位同学和我三人自北而南走在东边人行道上，忽听后面多人惊呼。原来有一条疯狗先在路东咬伤了个妇女，又蹿到路西咬了正坐在车斗上的人力车夫。当我们回头看时，那狗又向路东蹿来直仆我师。师不慌不忙地向上一抬右手，同时飞起右脚，踢到狗的下颔，一条二三十斤重的大狗，竟被踢得飞过马路，叫了一声，满口流血跌死了。我师在踢右脚时，左手向后一抬，碰到一棵树上，擦破了手指流出血来。在这场虚惊之后，我师说："凡是恶犬都是跳起咬人项部，但被咬者多系伤及腿部。这是由于人一后闪，狗扑空落下，正好咬了腿部。我见狗跳来一场右手，它必须眼向上看，露出下颔，一踢便准。"法虽如此，但一脚将二三十斤的狗踢出三丈多远，如若不是劲速且猛是难以做到的。

陈师又自言曾在温县协助守城，扎死一个攻城的红枪会员，捉过两个土匪，皆系手到擒来。1956年该县有人来京了解此事，陈师连说，麻烦疙瘩。其实是为社会消除恶犬也是功德，政府不以为非。

1964年9月，顾留馨同志参加济南举行的武术表演大赛，与我相识。将返上海前，我们在清泉池澡堂谈到他向陈师学推手时，当陈师双手被封时，试加劲一按，只觉我师前臂上似有电流，一下子就被打出多远，叹为神乎其技。

我从学拳五十多年，结交武林名手甚多，从未有赶上我师的功夫如此精妙。师在京曾接受一个银盾，文曰："太极一人。"可谓当之无愧矣。

高尚的品德

陈师为人性诚笃，事母至孝。我们初次相见，见其双目都有红丝，问故，乃知因侍奉老母，母病瘫，体胖，反侧便溺，需人扶持。师日夜侍奉于病榻前，三年未得安睡，因而目红成疾，一直未愈。每遇宴会。师只饮酒一小杯，自言当年能饮白酒五斤不醉。一日与小舅共饮，吃酒至一坛，师醉三天方醒，小舅则一醉长眠。自是母令戒酒，遇亲朋酬酢，只许饮一小杯，遂遵母命数十年不改。

陈师常说："为人之道，以踏实为主，处世之法以谦和为主。不踏实则无信用，不谦虚则不进步，不和气则无朋友。但谦和仍是踏实而非虚伪。"我师从不以太极内家自居。他说："凡事物都有表里之分。假如太极拳为内家拳种，学了三天，连皮还不能像，便以内家自夸，行吗？"我师闲尝评论别人，总是扬其所长，而不批评其短处。例如我们在公园看到有练拳的，回来质之老师。师答语约分三类。一是说：练得好。二是说：有功夫。至于我们见到那些练得不成样子的，我师则曰：看不懂。久之，我揣摩师评，所谓练得好，则是指其套路与功夫都好；所谓有功夫的是指其套路虽不怎样，却练得已有年岁；唯对套路、功夫无一可取者，只用看不懂评之，绝不肯说他人学的不好。

我师处处以照顾他人之名誉、利益为事。例如，北京《实报》曾宣传百岁老人王矫宇为杨露禅亲传弟子，在和平门内后细瓦厂吕祖庙内传拳，一时从学者甚众。同学李鹤年青年好事，曾往欲试杨露禅弟子本领如何。据说，王在该庙租房三间，跌坐床上学牌位陈之状，由其侄代为教拳。李回来笑向大家说，原来是个棺材瓢子（北京笑人老弱之语），我也没敢和他动手。我师说："你找他干什么？"原来三年前，我师和我同在许禹生家闲话，忽有人递来名片，上用毛笔写着"王矫宇"三字，说是武行来拜。当即迎入，问明来意，王自我介绍从杨家学过太极，今因年老无业，欲请许校长在体校安排个工作，以资糊口。我们请他表演拳，他练了半趟，气已上喘。于是许说："同是武行，本应照顾，但校中有一定编制，校长也不可以随意增加人员，只可徐徐谋之。"为了目前生活，送他十元；我和陈师亦各赠五元。那时他自云年逾六十。三年后，竟突长至百岁，因不满百岁，不能当上杨露禅之徒。其门内方桌上有红纸写的牌位为"先师露禅公之位"，以表示曾受教于这位祖师。旧社会里弄虚作假的事屡见不鲜，在新社会也有八十余岁的武术家，自炫百岁，而无人揭破，足见我国忠厚之风。数年前，我见有人抄录王老教拳语录，说："塌裆劲，应如欲大便状。"和陈鑫指出的尾骨长强穴应向后微翻的形式正相符合，或者王老真从杨家学得不传之密。而我师嘱我不要向人说起曾在许家相逢之事，以保其谋生之路，更属仁厚之至。

　　沈三先生为当时摔跤第一名手。一日与陈师遇于某次武术比赛场上。二老互道仰慕，握手攀谈。沈老说："我闻太极功夫以柔为主，擂台赛则系以抽签方式选择对手，习太极者如抽着摔跤的对手，应当如何？"陈师答："我想应当有办法，但我却无些应付经验。两军交锋，阵前岂能先问对方练什么拳吗？"沈老笑说："我们研究一下如何？"陈师说："我虽不懂摔跤，却喜看摔跤艺术。我见摔跤往往以手扯住对方小袖，然后发着。"说着便把两臂伸过去，让沈老抓住。这时我和一些同学在旁观看，以为两位名家研究妙技，我们有眼福欣赏，而且可以从而学几着。但是忽然有人来请二老议事，二老遂携手谈笑而去。过了两天，我们正在师家，沈老忽携礼物来访，我师迎入座谈。沈老说："那天多蒙相让。"我师答以："哪里哪里，彼此，彼此。"我在旁听如此说法，以为何时二老又研究了，方以未得目睹为憾。沈老见我发楞，遂问："陈老师回来，没给你们说什么吗？"我答未说。沈老一拍大腿，叹道："你们老师真好，尤其品德更好。你们可要好好地跟他学啊。行家一伸手，便知有没有。这里说的伸手，是双方接触的手。我握住你老师的手，感觉借不上劲，就知他的功夫如何。"谈了一会儿，沈老兴辞而去。沈老走后有个同学贸然说："既然如此，老师怎么不摔他一下？"我师闻言立刻沉下脸来问他："摔他一下？为什么要摔他？"这同学见老师生气，吓得不敢回答。我师又厉声连着问他："你说，你说，你说你在大庭广众之中，愿意不愿意让人摔一下？"这位同学此时才讷讷地说："不愿意。"我师说："啊，你也不愿意啊！自己不愿意的事情，怎能对人来施。连想也不应该想。"说着我师又循循善诱地（他的容颜变得慈祥温和）教导我们："一个人成名不易，应当处处保护人家的名誉。"当时我深佩我师的宽厚。事后，又想到沈老的品德也是难得的。这是我们青年人未见而且不知的事儿。这样坦率直言，二老的品德可谓相同。难怪后来二老长相往来，交成好友。

此条及师与李剑华试手、在民国大学震脚碎砖等事，由中国新闻社会记者冯大彪写成专稿在《武林》杂志上发表。1982年7月，我在上海与陈小旺会晤。小旺说："沈老之子绍三为此不满。"其实我是纪实，赞佩沈老能实事求是，不掩人长。陈师在告诫我们时，也说："仅此一试，沈老感觉亦甚灵敏，如真交起手来，胜负尚难预料。"可见二老互相佩服。二老的武德均是我辈学习的楷模，应永记不忘。

师恩深重

我自1930年随同刘慕三先生领导的北京电报局三十多位同学向陈师学习陈式太极。对我师的报答，只是前几年按月交纳二元学费。七七事变后，刘老调往太原，诸同学各有调动，那个学拳组便散了。我从那时起对老师就没有一点报酬了。但我师对我的感情却更加深厚，有时来我家居住两三个月，并且每晨到我妻窗前，连呼："静兰，起来练拳。"日寇侵京后，我的生活无着，甚至断炊，便领着六个孩子跑到我师家里，饱餐一顿小米稀饭。情逾父子，有饭同吃，彼此处之泰然。陈师常对我说："我教的学生中，以杨小楼最为聪明。拳理一讲便明，拳书一学就会，可惜他的年纪老些，不可能学得彻底。你和小龙（照旭乳名）脑子身体都不笨，应当深造下去。"又常和我说："你要好好地用三年功，就可以等于别人练十年的。"语意亲切，对我抱大希望,能够继承他的艺术。但是当我初学的前三年,我因体弱对震脚、发拳都以松柔来劲,也不跳跃,我师犹如慈母对待弱子一般,既望其速成,又不肯勉责所难。学过三年后,见我体略转健,便谆谆教放足架式,每式进退要求腿肚贴地而行。又说:"练完一套拳,应当始终如坐在椅子上,那样塌好裆劲,全凭两腿随腰裆之旋转而变化虚实。"并督促我每天多练。正如变成严师那么从严、从难、从实战出发,并将手的八法怎样与全身配合,不厌其烦地一一讲解。我为了应付老师,于1934年开始照着师教用功。起先练不了五个式子,后来能每天练到二十趟,方悟我师所说"趁热打铁才能成功"之语,确是实言。可惜只这样练了一年多,便因日寇侵华,心情懊丧,不这样练了。终于在1944年因生活困窘,洒泪别师,南迁就食于济南。1956年再次赴京求我师为我纠正式子。分别十三载,师徒重逢,宛如天涯游子重依慈母膝前,悲喜之情难以言喻。我师说:此拳无一个动作是空而无用的。于是每天教我推手,并从头逐式逐动作讲解试验用法,同时教以解法,使我心中豁然开朗,如拨云雾而见青天。如是者将及四月,后始因家无妻室,幼女未嫁,不得不忍痛辞师。不料我师竟于1957年逝世,使我至今愧负我师期望,永为不成材的老学生,不胜内疚。但我从一个药罐子似的弱书生得以寿延八旬,从一个一无所知的学拳者,能对此拳的理精法密略窥门径,无一非我师所赐。每念师恩,永铭难忘。誓愿将我师所授,反馈于陈氏后人,并公之国内外爱好陈式拳者,永久纪念我师。

洪均生

1986年10月

第二章 洪式太极拳二路（炮捶）详释

预备式

面向正北，眼视正前，与一路同。

一、金刚捣碓

二、拦擦衣

三、六封四闭

四、单鞭

以上四式与上卷第三章洪式太极拳一路拳均同，只保留单鞭第五动作作衔接图。（图2-1）

图2-1

五、搬拦捶

式名考释：此名系说明拳势作用的。因能搬回对方来势，截拦发劲。老拳路无此名，单鞭下紧接护心拳，中间两动作是其转变过程中的接榫。《陈式太极拳》书增加了许多新名，对于学者的记忆是有帮助的，因此，我写这套拳也分别采用它一部分，但该书此式名为"搬拦肘"，而动作中并无肘法，所以改为"搬拦捶"。

此式共有三个分解动作。

动作一：眼看左前方；身右转；双腿缠法左逆右顺，松裆沉膝成左侧马步；同时，左手顺缠，从左前方向胸前下转，高在胸下，手心侧向右后上斜角，手指扬向左前上斜角，右手逆缠，从右前上方向左下转到胸前时再向右下转，高与右胯齐，手心侧向右后下斜角，手指扬向左前上斜角。（图2-2）

作用：左掤化法。假如有人从我左前方用左手向下按我左手，我随势右转身，左手掤化来势，右手下转以保持平衡。

动作二：眼法不变；身左转；腿部缠法变为左顺右逆，步法不变暗换裆劲；同时，左手变逆缠，只以手腕自转变拳，部位高度不变，拳心侧向右后下斜角，拳眼侧向右后上斜角，右手在原处变顺缠握拳，拳心侧向左后上斜角，拳眼侧向右前方。（图2-3）

图2-2　　　　　　　　图2-3

作用：蓄劲法。如同双手握住一个铁锤的杆子，而准备向左反击。

动作三：眼法不变；身右转；腿部缠法变为左逆右顺，步法不变而暗换裆劲；同时，左手变顺缠，松肩沉肘略下沉（但不内收），以沉肘的旋力推动左拳向左上转，转到左肩上侧时，即向左外下转发劲，高齐肩下，拳心侧向右后上斜角，拳眼侧向左后上斜角，右手变逆缠，从右胯旁沉肘以腕为轴向右腮旁上转，如同要打自己的右腮似的，但转到右腮旁时，即加大逆缠，手向下略外拧转，拳高齐胸上，拳心侧向右后下斜角，拳眼侧向左后上斜角。（图2-4）

作用：左手解脱擒拿法。当前一动作劲已蓄好，即立刻旋转左手腕，向对方的右腕反压过去，逼其不得不撒手而退。右手的动作仍是配合左手以求平衡。

要点：第三动作发劲时裆劲应下塌，不可上起。

图2-4

六、猿猴献果

式名考释：这是象形的。左拳为果，向对方口中献出。名为"猿猴"是取其灵敏动作如同猿猴，故取此名。《陈式太极拳》书无此名。

此式只有一个分解动作。

动作：眼法不变；身继续右转（但裆转而胸不转）；右腿顺缠屈膝塌劲，左腿膝以上逆缠，而脚部顺缠，用脚跟贴地向右脚的左侧扫收，成左小盘步与左前虚步相结合的步法；同时，左拳继续顺缠加大沉肘，肘尖向右收转，而拳则从下翻转向左前上方，如同举起一个食物向对方口中送进的形状，拳高齐口，拳心侧向左后上斜角，拳眼侧向左前上斜角（老顺缠的练法），右拳从胸前继续逆缠向右后侧下转，高与右裆齐，拳心侧向右后下斜角，拳眼侧向左后上斜角。（图2-5）

作用：左拳掤击法。当对方因上式我已解脱左手反击其左腕，加大制我左肘之劲，并进右步来攻。

图2-5

我右腿塌好裆劲，身右转引化来劲，以左脚扫带其右脚跟，使其不得不前进，而以左拳沉肘以引化来劲，即以拳上击其口部。此即老拳论中所谓"收即是放"的招法。

要点：左手发劲时，裆劲继续下塌，左脚收转要有力量。

七、护心拳

式名考释：此名系说明拳势作用的，因双手上下、左右交互掩护胸部，故有此名。

此式共有四个分解动作。

动作一：眼法不变，随身左转自然变为右前；身左转；左腿顺缠略提膝，将脚收落在右脚的左侧，两脚跟相对，脚尖向左右前斜角成倒人字形（二路调步法均是这样，因双手距离较近，必须如此调步，才能换过劲来；如调换的步落在偏后，则丢劲，偏前则顶劲，不可不知），立即松裆屈膝塌劲，右腿逆缠，以脚跟里侧贴地，脚尖斜里勾，向右前斜角进步，落下脚

89

尖成右侧马步；同时，左拳变逆缠向左下转，转到胸前，拳心侧向右后下斜角，拳眼侧向右后上斜角，右拳变顺缠，从右后下方沉肘经右腮旁，落在胸前，高与口齐，拳心侧向左后上斜角，拳眼侧向右后上斜角。（图2-6）

作用：左转身调步左捋法。当对方因上式我的左拳击其口部，又转换按我的左腕之劲，向我胸部下按。我俟其劲发到胸前时，转身调步，以左手缠其左腕，以右手制其左肘关节外上侧，并进右步，于其裆中捋之。

动作二、三、四：完全同上卷第三章洪式太极拳一路拳的图3-141～图3-143的所有动作及作用。图从略，只留最后一动作反方向图作衔接图。（图2-7）

图2-6　　　　　　　　图2-7

八、连环炮

式名考释：说明动作为左右连环发劲。陈式各书无此名。我因二路护心拳后这一过渡动作也是有用的，所以另立一式名。

此式共有两个分解动作。

动作一：眼法不变；身右转；腿部缠法变为右顺左逆，步法不变，暗换裆劲；同时，右拳以指顺缠向胸前收转，拳心侧向右后上斜角，拳眼侧向右前上斜角，左拳沉肘顺缠，经右腕上侧向右前方发劲，高齐颏下，拳心侧向左后上斜角，拳眼侧向左前上斜角。（图2-8）

作用：右引左击法。假如有人从我正前方用右手按我右拳，我随势右转身用右手拨引其拳，左拳同时攻击其胸部。

动作二：眼法不变；身左转；左腿顺缠，屈膝塌劲，右腿逆缠，提膝收脚成右前虚步（另一练法：右腿逆缠提膝收脚，膝与裆平，膝头内扣，小腿自然松垂，成左独立步）；同时，左拳顺缠收到胸前，手心侧向右后下斜角，手指垂向右前下斜角，右拳逆缠，从胸前向正前方发掌，发劲时略变顺缠，高与口齐，手心侧向左后下斜角，手指扬向正前方（此图为反方向图）。（图2-9）

图2-8 　　　　　　　　图2-9

作用：左引右击兼右脚带扫法。对方为化我左拳前击，用左手按我左拳。我用左拳引其左手，用右手击其喉部，右脚同时带其前脚，牵动其重心。

要点：第二动作的右脚退得要迅速有力。在发右掌时，要松塌裆劲，方可达到"前发后塌"的要求。

九、搂膝拗步

式名考释：同前。

此式共有四个分解动作。

动作一：眼看左前方；身右转；右腿顺缠，将右脚落在左脚的里侧，两脚跟相对成倒人字形（落步时可震脚，以求劲整），即屈膝塌劲，左腿逆缠提膝，以左脚跟内侧贴地向左前斜角进一大步，成左仆步；同时，右手先顺缠沉肘向胸前收转，变逆缠，经右肋旁向右后下斜角转出，高与右胯齐，手心侧向右后下斜角，手指扬向左前上斜角，左手变顺缠沉肘上转，经左腮旁落在胸前，手心侧向右后上斜角，手指扬向左前上斜角。同上卷第三章洪式太极拳一路拳的图3-34。

作用：右转身调步，左进步右捋法。有人从左前方以右步在前，右手进击。我以右手接其右腕，向右捋之，左手制其右肘关节外上侧，并进左步于其右腿外侧。

动作二、三、四：完全同上卷第三章洪式太极拳一路拳的图3-35～图3-37的所有动作及作用。图从略，只留图2-10作衔接图。（图2-10）

要点：第一动作应注意在收右脚时不要把腰裆领散，应塌裆劲。

图2-10

十、右转身靠

式名考释：此名系说明拳势动作作用。老拳路无此名，系过渡动作，今采用《陈式太极拳》书之名，以便学者记忆。

此式只有一个分解动作。

动作：眼看右后方；身右转；腿部缠法变为左逆右顺，右裆松沉，膝下垂，从左弓蹬步变右侧马步；同时，双手顺缠，右手在原地沉肘，手高齐口，手心侧向左后上斜角，手指扬向右前上斜角，左手大沉肘，将手收向右臂弯里侧，手心侧向右后上斜角，手指扬向右前上斜角。（图2-11）

作用：右转身靠法。假如有人从我右外侧用双手扑按我的右臂。我随势右转身，用右肘沉转以引化来势，右肩靠其胸部。

要点：此式应注意右手。做到松肩沉肘，但右手绝对不可回转，劲向外放，做到收肘不收手。

图2-11

十一、径拦直入

式名考释：此名系说明拳势动作的作用。陈氏老谱名为"井拦""直入"，是两个动作。《陈式太极拳》二路原有这个式子，名为"井揽直入"。我认为这个动作是从截拦对方来劲而一转身间单刀直入的反攻，故照用此"入"字，名"泾拦直入"。

此式只有一个分解动作。

动作：眼先右看（原方向未变），等身右转进左步时，自然形成左看；身右转；右腿顺缠，脚尖外摆，经右小盘步，即进左脚于右脚的左前方，约一肩宽，用脚跟趟地，当左手下按时，脚尖踏地，以助手的发劲，成左前虚步；同时，右手变逆缠，收转到左肩内侧，高齐口下，手心侧向左前下斜角，手指指向左前上斜角，左手变逆缠，从胸前向左下按到胸下腹前，手心侧向左前下斜角，手指扬向右前上斜角。（图2-12）

图2-12

作用：右转身进左步，右採左按法。当上式我发靠被对方化解后，立即右转身进左步于对方裆中，以右手採其右腕，而以左手按其胸腹。

要点：左手下按时注意肘应松沉，进左步时用左脚跟趟地。

十二、风扫梅花

式名考释：象形。因右脚倒扫的作用，故取此名。系《陈式太极拳》书新添之名，今采用之。

此式只有一个分解动作。

动作：眼看左前方；身继续右转；左腿逆缠，松裆沉膝，脚尖内扣，随身而转，右腿顺缠，用脚尖划地转半个圆圈（约180°），落在左脚的右前斜角约一肩宽，成右前虚步；同时，右手逆缠，从胸前向右前上斜角转出，高与眼齐，手心侧向右前下斜角，手指扬向左前上斜角，左手继续逆缠，从

腹前贴左胯下按，手心侧向左后下斜角，手指扬向右前上斜角。（图2-13、图2-13附图）

图2-13 　　　　　　　　　图2-13附图

作用：右採左按兼右脚倒扫法。当对方因上式被採、按，而欲进左步于我身后准备靠我时，我继续採、按，以右脚扫其左脚里侧。

要点：身体右转时，一定要加大腰胯的下沉，如坐在凳子上一样，不可摇摆。初学此式，往往感到右转身后，身躯向右后方倾斜而立脚不稳，今将注意要点详为指出：

（1）眼法不可随身之右转，而向右转动；

（2）身右转时，左腿必须松沉，如同坐在转椅上似的，重心毫不变动；

（3）左脚尖内扣时，要用大脚趾有力地贴住地面而转，不可离地；

（4）右手要向右前斜角上引，左手要贴左胯下按，以调整重心的平衡。

十三、金刚捣碓

式名考释：式名取义同前。金刚捣碓是陈式太极拳套路中的母式，许多式子的着法都是从此式变化而来。所以，一路有四个捣碓，二路有三个捣碓。一路的四个捣碓同名，而作用不同，练法各异。二路的第一个捣碓完全同一路首式，二、三两个系从泾拦直入转变的，又与一路不同，因取今名。

此式共有三个分解动作。

完全同上卷第三章洪式太极拳一路拳的图3-57～图3-59的动作及作用，图从略。

十四、十字手

式名考释、动作、作用、要点完全同上卷第三章洪式太极拳一路拳的图3-60、图3-61。

十五、庇身捶

式名考释、动作、作用、要点完全同上卷第三章洪式太极拳一路拳的图3-62～图3-65。图从略，只留图2-14作衔接图。（图2-14）

图2-14

十六、撇身捶

式名考释：此名系说明拳势的作用。因其作用可以解脱擒拿，使来劲撇开我的身体，故取此名。这是《陈式太极拳》书采取杨式太极拳式名而新增的。

此式共有两个分解动作。

动作一： 眼看左前方；身左转；腿部缠法变为左顺右逆，放松裆劲，左脚尖外摆成大马步；同时，双手逆缠，左手变拳，从左腰间向裆前内转，拳心侧向左后下斜角，拳眼侧向右后上斜角，右手亦握拳，从右额角前向口前下转，拳心侧向右后下斜角，拳眼侧向左后下斜角。（图2-15）

作用： 左手引掤法。假设有人从我左侧右脚在前，进在我左腿外侧，双手按我左肘腕。我身左转，松沉左裆劲，兼以左手内转，以引掤来劲，右手略下合，有下击之势。

动作二： 眼法不变；身右转；腿部缠法变为左逆右顺，步法不变而暗换裆劲；同时，双手变顺缠，左手松肩沉肘，拳向左胯外下发劲，拳心侧向右前上斜角，拳眼侧向左后上斜角，右手向右前上斜角发劲，高齐右眼，拳心侧向左后上斜角，拳眼侧向右后上斜角。（图2-16）

图2-15 　　　　　　　　图2-16

作用： 左手解脱擒拿法。当对方从上式拿我左腕，我已松肩沉肘，反转左腕即可解开，而即拿之。但力由腰发，而不是以手部用力，手部仅是不丢劲而已。不丢劲不顶劲，全在拳法的变换适当与否。

要点： 此式一、二两动作，手的先合后开，如同双手拉着一条绳子，把它斜着扯直的样子，两手动作手的路线恰恰形成两个倒"6"字，两"6"字一颠一倒相对划出。洪式太极拳的手法变化，看起来好像极为复杂，只要我们找出它的规律来，其实并不复杂。缠法只是顺逆两种，而缠的角度因势不同而有大小、斜正、高低、老嫩之分，它的公转（配合的方法）往往是变化的"6"和"S"形，学者于练习时加以注意，自能领会。

十七、斩手

式名考释：此式系说明拳势的作用。因转身而捌，如同斩断一个人的手似的，故有此名。又名"铡刀"。

此式共有两个分解动作。

动作一：眼看左前方；身左转；左腿顺缠松裆，脚尖外摆约90°，摆到转过身后的正前方为限，右腿逆缠，松裆垂膝成左大盘步；同时，左手变掌亦可为拳，以手指顺缠收转到胸前，手心侧向右后上斜角，手指横向右前方，右拳变逆缠，以腕为轴向右腮旁下转，拳心侧向左前下斜角，拳眼侧向左后上斜角。（图2-17）

图2-17

作用：左拿右蓄劲法。假如有人从前式的左手已被化解，我随势左转身，将左拳变掌收转，拿住其左腕，右拳蓄劲，准备出击。

动作二：眼法不变（但因身已转过来而形成看右前方）；身继续左转；左腿顺缠，屈膝塌劲，右腿进在左脚的右侧约一肩宽（不可太宽，因双方距离很近），震脚成小正马步；同时，左手在原部位加大拇指部的顺缠之劲，手心侧向右后上斜角，手指垂向右前下斜角，右拳变顺缠，经右腮旁向胸前下转，以肘部下塌外碾地发劲，拳心侧向左后上斜角，拳眼侧向右前上斜角。此时右脚下震，左手略上提以助右手，两手配合的圈只有尺许，如同以左手上拧，右肱下压，而欲将一条棍子折断之状。（图2-18、图2-18附图）

图2-18　　　　　　　　图2-18附图

作用：左转身进右步左下捌法。当我已反拿对方的左腕，迫使其肘关节直挺，即右肱压其反关节发劲。

要点：第二动作右手下击时，要松塌裆劲。

十八、翻花舞袖

式名考释：象形。双手随身从下注上，又从上而下旋转而舞，故有此名。《陈式太极拳》书同。

此式共有四个分解动作。

动作一：眼法不变；身左转；左腿顺缠塌劲，右腿逆缠，脚尖内扣对着左脚跟，裆劲松沉，这是左小盘步变格；同时，左手原地大沉肘，肘贴左肋，而手则向口旁上转，手心侧向右后上斜角，手指垂向右前下斜角，右手

变逆缠，松放前臂，拳与右胯平，拳心侧向右后下斜角，拳眼侧向左后上斜角。（图2-19、图2-19附图）

图2-19

图2-19附图

作用：左上引，右下挤法。对方松沉左肘化我捌法。我立变右手逆缠下撞其腹部，左手上提加强拿法。

动作二：眼法不变，随身左转自然形成右前；身继续左转270°；腿部缠法不变，右腿屈膝塌劲，内扣脚尖，左腿提膝转落在右脚的脚后跟，震脚落地发声成倒人字形，右脚即向右前斜角进一大步，约两肩宽成右侧马步；同时，右拳变顺缠，经过右腮旁向右前斜角下击，拳心侧向左后上斜角，拳眼侧向右前上斜角；左手变逆缠上领，随身立体旋转下按到左胯旁，手心侧向左前下斜角，手指扬向右前上斜角。（图2-20、图2-21）

图2-20

图2-21

作用：左转身引化下劈法。

动作三：眼法不变；身右转；左腿逆缠屈膝塌劲，右腿顺缠，收转到左脚旁，脚跟相对成倒人字形；同时，右拳先逆缠收转到裆前，即变顺缠向右胸前翻转，肘不离肋，拳心侧向左后上斜角，拳眼侧向右前上斜角，左手原地逆缠，拳心侧向左后下斜角，拳眼侧向右后下斜角。（图2-22）

图2-22

作用：右手反擒拿法。

动作四：眼法不变；身继续右转；右腿顺缠，屈膝塌劲，左腿逆缠，向左前斜角进一大步成左侧马步；同时，右手逆缠变掌，收转在胸前，手心侧向左后下斜角，手指扬向左前上斜角，左手先顺缠再变逆缠转合在右手腕上，手心侧向右后下斜角，手指扬向右前上斜角。参照上卷第三章洪式太极拳一路拳的图3-51，图从略。

作用：双手捋法。同上卷第三章洪式太极拳一路拳图3-51的用法。

要点：此式的旋转度数一定要做足。以上练法是为初学或身体欠灵者而讲，练熟后，则可缩并为三个动作。当斩手右脚下震双手发劲后，身体立即左旋跃起，脚部的配合变化从空中转变过来，落地成右侧马步，右脚一踏地即身向左转跃起。最后一动震右脚变左侧马步。这种练法虽然步法变化较快，仍应注意虚实的转换，不可错乱。

101

十九、掩手肱捶

式名考释、动作、作用、要点完全同上卷第三章洪式太极拳一路拳的图3-52~图3-54。

二十、飞步拗拦肘

此式共有三个分解动作。

动作一：眼法不变；身继续左转；双腿缠法不变，左脚蹬地，右腿提膝，向左前跃进一大步，落下时，左脚跟进在右脚的左后方，成一肩宽的左后虚步；同时，右拳变掌继续逆缠，向左前沉肘转手拧转到手高齐肩，手心侧向右前方，手指斜向前方，左手亦走老逆缠，从胸前向左下转，经左肋旁转出，高与左胯外齐，手心侧向左后上斜角，手指斜向左后下斜角。（图2-23、图2-23附图）

图2-23

图2-23附图

作用：跃步随化法。假设对方因我右拳进击而拿我的右腕，退步引化，同时背后又有人猛按我的腰背，欲使我向前倾跌。我左转身跃进右步，一则随化前引之劲，继续进击；二则化开背后猛推之劲，使我重心保持平衡。

动作二：眼法不变；身继续左转；右腿逆缠塌劲，左腿仍顺缠提膝，脚尖点地拧转，成左前虚步；同时，双手变顺缠，左手变拳，沉肘转腕向内略上收，高与小腹上侧平，拳心侧向右后上斜角，拳眼侧向左前上斜角，右手变拳，松肩沉肘向胸前收转，拳心侧向左后上斜角，拳眼侧向右前上斜角。（图2-24）

作用：转身掤法。假如有人从我背后用左手拿我左手，我随势转身掤化来势，右手收转蓄劲，准备接应左手。

动作三：眼法不变；身继续左转；腿部缠法不变，右腿屈膝塌劲，左腿以脚尖滑地向右脚的左后斜角扫退一大步，落下脚跟成右侧马步；同时，左手继续顺缠变掌，向胸前收转，手心侧向右后上斜角，手指指向右前下斜角，右拳继续顺缠，下塌外碾向胸前收转，合于左腕下侧，拳心侧向左后上斜角，拳眼侧向右前上斜角。（图2-25）

图2-24 　　　　　　　图2-25

作用：拗拦肘法。对方用左手按我右手，用劲向我按来。我身向左转，右手收掤来劲，转到心口下，用右肘上边发劲击其左肘外下侧反关节。同时以左手搭其右腕，使其不能撤退。如对方从我左后方用左手拿我左手腕，也可退步用左手缠其左腕，用右肘下方顺缠击其肘关节外上侧。

要点：发右肘时，腰裆要松沉，腰裆要转得圆，尤其是右腰侧不可向里凹进。学者应注意，右肘看似向左发劲，实则松肩沉肘发击下塌外碾之劲，使力的惯性往右上方斜击，左手用缠法合在右肘外侧，而不是直着向里一拍。右膝必须随右裆的松沉而松沉下去，不可绷直成左弓蹬步。手、步走过了，就会使肘部发的劲反折向我自己身上来。

二十一、大红拳

式名考释：此式名是说明动作的。此式与下面的小红拳有大、小之别，根据"大""小"的字样，以说明动作。此式是从飞步拗拦肘变化的。拗拦肘是马步，步子较大，所以变成此式，名为大红拳。"红拳"之名来自其他套路。《陈式太极拳》名为"运手"。

此式共有四个分解动作。

动作一：眼看右前方；身继续左转；左腿顺缠，屈膝塌劲，右腿逆缠，收转在左脚的右侧，约一肩宽成右前虚步；同时，左手逆缠，从胸前向左前上斜角转出，高与口齐，手心侧向左前下斜角，手指扬向右前上斜角，右手继续顺缠，加大沉肘向胸前收转，高与胸齐，手心侧向左后上斜角，手指扬向右前上斜角。（图2-26）

作用：退步掤法。对方为化我肘法，转进左步，用挤、肘等连环法攻击我。我随势收右步，用右手掤化来势。

图2-26

动作二：眼法不变；身右转（转正为限，不可偏向右方，偏则丢劲）；右腿顺缠，向右横进一步（约二肩宽），屈膝塌劲，左腿逆缠跟进半步，两脚距离约一肩宽，成左后虚步；同时，右手变逆缠，向右前斜角上转，高与肩齐，手心侧向右前下斜角，手指扬向左前上斜角，左手变顺缠，从左上斜角沉肘向胸前收转，手心侧向右后上斜角，手指扬向右前上斜角。（图2-27、图2-27附图）

图2-27 　　　　　　　图2-27附图

作用：进步靠、肘、挤法。

动作三、四：完全重复本式图2-26、图2-27的动作，作用亦同。图从略。

二十二、右转身高探马

式名考释：象形。同一路拳高探马。

此式只有一个分解动作。

动作：眼法不变；身右转；左腿逆缠，落实左脚，脚尖斜向转过身的左前方，塌好裆劲，右腿顺缠，提膝向裆前扣转，成左独立步；同时，右手变顺缠向胸前收转，手心侧向左后上斜角，手指扬向左前上斜角，左手变逆缠，随身的转动。经右手上面向右斜开，手高齐胸，手心侧向右前下斜角，手指扬向右后上斜角。（图2-28、图2-28附图）。

图2-28 　　　　　　图2-28附图

作用：提腿平掤法。假如有人经我右前方双手按住我右肘，我随势加大右转身，用右手掤化来势，左手肘部合于右手上，蓄劲待发。右膝攻击其裆部。

要点：提起右腿时，裆劲应松沉，膝应向里合。

二十三、小红拳

此式共有五个分解动作。

动作一：眼法不变，随身右转自然形成左前方；身右转；右腿顺缠，落步于左脚的左前方，经左小盘步，屈膝塌劲，提进左脚于右脚的左侧成左前虚步；同时，左手以指顺缠，松肩沉肘向胸前收转，手心侧向右后上斜角，

手指扬向右前上斜角，右手变逆缠，向右前斜角上转，高与口齐，手心侧向右前下斜角，手指扬向左前上斜角。（图2-29）

作用：右转身进左步转捌法。对方左转，进右步继续按我右肘。我向右转身，落右足，进左足于其右腿左侧，右手缠其右腕，左手制其右肘关节外上侧，捌之。

动作二：眼法不变；身左转；左腿顺缠，向左横进一肩半宽，屈膝塌劲，右腿逆缠，向左脚后跟进，双脚距离约一肩宽，成右后虚步；同时，左手变逆缠，从胸前向左前上斜角转出，手高齐口，手心侧向左前下斜角，手指扬向右前上斜角，右手顺缠，沉肘向胸前收转，手心侧向左后上斜角，手指扬向左前上斜角。同上卷第三章洪式太极拳一路拳图3-106，图从略。

作用：左进步左挤法。

动作三：眼、身、手、作用均同动作一。步法为右腿顺缠后退，左腿逆缠跟退（活步），成左前虚步。同图2-29。

动作四、五：重复动作二、三。图从略。

要点：大小红拳的方向一斜一正。老练法此两式之间并无高探马的动作，而是从上式直接大转身过渡而来。右转身高探马一式系陈发科师到北京传拳时，为便于教学而加。

图2-29

二十四、高探马

式名考释、动作、作用、要点完全重复上卷第三章洪式太极拳一路拳的图3-109~图3-111和图3-227。图从略。

107

二十五、穿梭

式名考释： 象形。因手部一收一放，如同穿梭而名。陈氏老谱名"玉女穿梭"，《陈式太极拳》名为"连珠炮"，系新名。

此式共有四个分解动作。

动作一： 眼法不变，随身左转自然形成右前方；身左转；腿部缠法变为左顺右逆，左腿向后退一大步，右腿随身体退半步，成一肩宽的右侧小马步；同时，左手沉肘，以手指顺缠合于胸前，手心侧向右后上斜角，手指垂向右前下斜角，右手亦顺缠松肩沉肘向胸前收转，手心侧向左后上斜角，手指扬向右前上斜角。（图2-30、图2-30附图）

图2-30 　　　　图2-30附图

作用： 左退步（双腿同退）左将法。当对方因上式右手被缠而进左步挤我时，因来势较猛，我即退左步撤右步以将之。

动作二： 眼法不变；身略右转（应注意，左转身时腰以下左转得较大，否则引化不开来劲；但右转身进步挤时，则上身右转不可过了，过则手部的挤劲会滑向右外侧，而达不到目标）；右腿顺缠，向右进一大步约二肩宽，左腿逆缠，跟进于右腿的后侧约一肩宽，成右侧马步；同时，右手变逆缠自转，随身向右前发劲，高与胸齐，手心侧向右后下斜角，手指扬向左前上斜角，左手亦小逆缠沉肘，随身右转合在右臂弯里侧，高与胸齐，手心侧向右后下斜角，手指扬向右前上斜角。（图2-31）

作用：右双进步挤法。当对方因上式被挤失势，而欲后退变招时，我随势进右步挤之。

图2-31

动作三、四：重复动作一、二。图从略。

要点：此式共四个动作（反复练三次，则为六个动作）。当初我学拳时，大小红拳、倒骑驴、裹身鞭及此式反复练两次。反复练习是为了练功，为了学习技击实战。

二十六、倒骑驴

式名考释：象形。转身踢左腿挒步下落，有骑驴之状。原名"张果老倒骑驴"，《陈式太极拳》则于转身的动作，名为"倒骑麟"，又将转身落步后的动作名为"白蛇吐信"。一式分为两势，本无不可，但其作用是前后连起，不可分割。陈氏老谱名为"倒骑龙"。

此式共有六个分解动作。

动作一：眼看右后方；身右转约90°；左腿逆缠，用脚尖蹬地向外拧转脚跟，右腿顺缠，以脚跟为轴向右外摆脚尖，摆到右侧，松沉裆劲成左小盘步；同时，右手变顺缠大沉肘，肘尖向胸前收转，手高齐胸，手心侧向左后上斜角，手指扬向左前上斜角，左手逆缠大沉肘，手向左腮旁上转，手心侧向右前上斜角，手指扬向右后上斜角（指向左腮）。双手配合的旋转，如同拧转一个尺许大小的轮子似的。（图2-32）

作用：原地转身掤化法。假设有人从我背后，左步在前而猛按我的腰背，我即右转身化劲，右肘沉下，肘尖里合，可以压制对方按在我腰部的左腕，并准备用右手击其右腕。

动作二：眼法不变，随身右转自然形成正前方；身继续右转90°；右腿仍顺缠，屈膝塌劲，左腿仍逆缠，提膝贴右膝的里侧随身的右转而向右前方转出，转过来后，脚部略向前发劲落地，即将右脚尖带转过来，使脚尖向身体的右前斜角塌住劲成左前虚步；同时，右手先顺缠沉肘贴肋，继续顺缠，用下塌外碾的劲向正前转出，高齐口下，手心侧向左后上斜角，手指扬向右前上斜角，左手继续逆缠，经胸前向左胯旁下转，高与胯齐，手心侧向左前下斜角，手指扬向右前上斜角。（图2-33）

图2-32　　　　　　　　　图2-33

作用：拗步右手进挤法（也是右手单挒法）。右手拧转对方的右腕，迫使其臂部直挺，即进左步向前发劲。使其劲通过其梢节而牵动其重心，向后仰跌。对方如松沉肘部化劲，则以我的右腕反击其右腕，而向中部挤之，兼有穿喉之作用。

动作三：眼法不变；身右转；右腿顺缠，向后退一肩宽塌劲，左腿逆缠，随右步后退，仍保持原来步法；同时，右手先逆后顺收转到胸前，手心侧向左后上斜角，手指指向左前上斜角，左手变顺缠，从左胯前向左腮旁上转，手心侧向右前上斜角，手指扬向右后上斜角。（图2-34）

动作四：眼法不变；身左转；左腿顺缠，向前滑进一肩宽塌劲，右腿逆缠，随右腿跟进，仍保持原来步法；双手动作、作用均参照本卷图2-33。

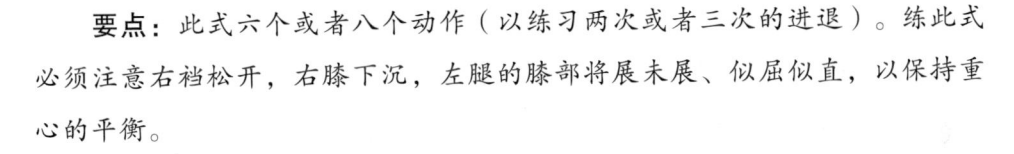

图2-34

动作五、六：重复动作三、四。图从略。

要点：此式六个或者八个动作（以练习两次或者三次的进退）。练此式必须注意右裆松开，右膝下沉，左腿的膝部将展未展、似屈似直，以保持重心的平衡。

二十七、闪通背

此式共有三个分解动作。完全重复上卷第三章洪式太极拳一路拳的图3-214～图3-216的全部动作，作用亦同。式名考释、图解、要点从略。

二十八、进步掩手捶

此式共有四个分解动作。全部重复上卷第三章洪式太极拳一路拳的图3-217～图3-220的全部动作，作用亦同。式名考释、图解、要点从略。

111

二十九、裹身鞭

式名考释：此名系说明拳势动作的。因双手贴身旋转开合，裹着身体发劲时如打鞭子似的，故有此名。《陈式太极拳》名为"裹鞭炮"，练法与老套路方向不同，老练法系开始向左横进，身体不变方向。我初学时和1956年夏初见到陈发科师演练此式子，仍系老练法的方向，并未变动。

此式共有六个分解动作。

动作一：眼看左前方；身继续略左转；左腿顺缠塌劲，右腿逆缠，松裆垂膝成左侧马步；双手动作同上卷第三章洪式太极拳一路拳的图3-55。（图2-35）

作用：右手随化法。此式虽与"右转身靠"身、步、手法均相同，但由于眼法不同，所以不是右肩发靠，而是右手随化。因当右拳击出后，对方接我右腕而牵引我，我松沉裆劲，变为左侧马步，以右手顺缠随之，使其后仰。

动作二：眼法不变；身右转；步法不变，左腿逆缠，右腿顺缠，暗换裆劲；同时，右手变逆缠向右上转，高与眼齐，手心侧向右前下斜角，手指扬向左前上斜角，左手也变逆缠，向左前方下转，高与胸齐，手心侧向右前下斜角，手指扬向左前上斜角。（图2-36）

图2-35　　　　　　图2-36

作用：右採左按法。当我被对方的右手引住随化后，立即反拿其右腕，向我右前上斜角採引，并以左掌按其胸部。

动作三：眼法不变；身左转；左腿顺缠塌劲，右腿逆缠提膝，外摆脚尖，踹落在左脚的左前侧，成左小盘步；同时，双手变顺缠，向脐前收合，右腕搭在左腕外侧，右手心侧向左后上斜角，手指垂向左前下斜角，左手心侧向右后上斜角，手指垂向右前下斜角。立即双手变逆缠握拳，经过胸前上提，如双手提物状，拳心都向里，拳眼都向外上侧。（图2-37、图2-37附图）

图2-37

图2-37附图

作用：可分为两个，一系根据拳法的路线，向左横进而成为右引右脚拗进横蹬法（暗藏截腿），由上式动作对方被採而松肩沉肘向我胸部挤靠，我以右手向下缠转，使其右手贴我脐前，而横进右脚，截其右膝外下侧或脚腕外侧。

二系根据拳名的"裹身"意义，假设为有人从我背后突然袭击，连前臂带腰搂按住。我身先左转，松裆下坐，而以双手变逆缠向胸前提起，以掤其按劲，紧接着将身右转，趁其按的手已有空隙时，以右肘贴着自己的身体向右后发劲，必须接触对方的右肋。这一作用须联系以下两手动作来体会。

动作四：眼法不变；身右转；腿部缠法变为右顺左逆，右腿进落后，立即将左腿提起跃落于右脚左前方约二肩宽，成左侧马步；同时双手变顺缠，左右分开下转，转时注意，沉好肘，肘尖裹身向后发劲，拳高平脐，左拳心侧向右后上斜角，拳眼侧向左后上斜角，右拳心侧向左后上斜角，拳眼侧向右前上斜角（不可正面向上，否则肘尖向自己的肋部，而失掉攻击的目标）。（图2-38）

图2-38

作用：按拳路讲则成为左横进步的右引左肘法（不过这样用法，则右肘右下沉，左肘应略偏左侧，而不是向后发劲）。由上式被踹的对方向后撤右步，形成斜对着我的左侧，我即横进左步，引其右手，而以左肘击其胸肋，而成为横进两步的练法。

动作五、六：重复图2-37、图2-38的动作，作用亦同。

要点：此式在起跳时裆劲要下沉，不可散开。此式以裹身向后打肘为主，所以双拳下开时，肘尖应向后，不可将臂部放的过大，大则肘尖向自身的肋部，失去了裹身的意义。

三十、右转身裹身鞭

式名考释：同前。"右转"说明方向变化。《陈式太极拳》书未分为两式。

此式共有四个分解动作。

动作一：眼法不变；身右转90°；左腿逆缠，屈膝塌劲，脚尖内扣，右腿顺缠，以右脚掌贴地向里收退半步，成右小盘步；同时，双手逆缠，转合到脐前，而不上提到心口前，右拳在外，拳心侧向右后下斜角，拳眼侧向左后上斜角，左拳心侧向左后下斜角，拳眼侧向右后上斜角。（图2-39）

作用：右转身撤右步掤法。如被人从背后连臂搂住，而向我右方摔我时，我即右转身，以双手逆缠从下往上、从里向外掤化来劲，使其搂按我的双手离开了缝，我亦可趁右脚撤转之际，以右肘向后发劲击之。但以小盘步法发劲，必须十分迅速，而且下盘要十分灵稳。

动作二：眼法不变；身仍右转（眼法此时自然形成左前方）；步法、手法均重复上式动作四，作用亦同。（图2-40）

动作三、四：重复上式动作三、四的所有动作，方向相反。作用、图解从略。

图2-39 　　　　　　　图2-40

三十一、手肘势

式名考释：此名系说明拳势动作的，以手、肘为主。《陈式太极拳》名为"兽头势"。陈长兴《太极拳总歌》有"寿桃势如牌挨进"，可见前人口传，后人记音不同。我因兽头势、寿桃势可能是象形的意义，又听陈发科师在教此式时，其音近于"手肘"二字，因笔录之。惜当时学习时，不知重视式名的意义，未曾相问为憾。

此式共有三个分解动作。

动作一：眼看右后方；身略左转；腿部缠法变为左顺右逆，步法不变；同时，右拳变逆缠，向右腮旁上转，拳心侧向左前下斜角，拳眼侧向左后上斜角，左拳加大顺缠，随身之左转而略向下沉转，拳心侧向右后上斜角，拳眼侧向左后下斜角。（图2-41）

作用：左转身掤法。假如有人经我背后搂我腰部，我趁势左转身掤化来势。

动作二：眼法不变；身右转90°（此时眼自然形成向左前方）；腿部缠法变为左逆右顺，左腿屈膝塌劲，右腿向后退一小步，落于左脚的右后外斜角约一肩宽，并扣转左脚尖成左侧小马步；同时，右拳变顺缠，向右后发肘，拳心侧向左后上斜角，拳眼侧向右前上斜角，左拳先变逆缠，收转到左腮旁，立变顺缠松肩沉肘，向胸前发劲，拳高齐口，拳心侧向右后上斜角，拳眼侧向左前上斜角。（图2-42）。

图2-41　　　　　　　　图2-42

作用：退步右肘击法。接上势，我掤化对方抱我来势，彼又想向前摔我，我立退右步用右肘击其右肋，左拳向前发劲，以配合右肘。

动作三：眼法不变；身左转；腿部缠法变为左顺右逆，步法不变，暗换裆劲；同时，左拳略变逆缠，向后发左肘，肘贴左肋，拳心侧向右后下斜角，拳眼侧向右后上斜角，右拳仍顺缠，经左腕上侧向胸前发劲，拳高齐口，拳心侧向左后上斜角，拳眼侧向右前上斜角。（图2-43）

作用：左转身左肘击法；综合前一动作而讲，名为连环肘法。因先用右肘后击，对方的身体被我腰部旋转的惯性引向左偏，再加上躲我右肘又必然加以向左多闪一些，我身迅速左转，以左肘贴腰向左后转出，自然可以冲击到他的胸部或左肋部。

图2-43

要点：在击发左、右肘时，配合肘法的拳头也应发劲，做到前发后塌。眼不许移动，腰裆劲要稳而灵。

三十二、劈架子

式名考释：此名系说明拳势动作的。《陈式太极拳》名同，因双手与步同开而名。陈氏老谱又名"撩阴捶"。

此式共有两个分解动作。

动作一：眼法不变；身右转；腿部缠法变为左逆右顺，左腿屈膝塌劲，右腿提膝，把右脚带到左脚后侧落下成斜并步；同时右拳逆缠变掌，走外上弧线向左肩下收转，手心侧向左后下斜角，手指扬向左后上斜角，左拳顺缠变掌，走小里下弧线，肘不离肋，手经右肘下侧，转合成斜十字状，手心侧向右后上斜角，手指垂向右后下斜角。（图2-44、图2-44附图）

作用：并步引掤法。假如有人经我右前方双手按我右手，我随势右转并步，用右手收转掤化来势，左手向右下转掩护胸部，并蓄劲待击。

动作二：眼法不变；身继续右转；双腿缠法不变，右腿屈膝塌劲，左脚用脚跟里侧贴地向前进一大步约二肩宽，成左半马步；同时，左手变逆缠为拳走下弧线，转到心口前向左前发出，拳心侧向右前下斜角，拳眼侧向右后上斜角，右手变拳仍逆缠，走里右下弧线，经心口下转到右胯外侧，拳心侧向右后下斜角，拳眼侧向左前上斜角。（图2-45）

作用：右引左撩阴法。我右手掤化其按法后，利用逆缠拿其右腕向右后侧下引，用左拳随左步一起进到对方的两腿之间，撩其阴部。如进步较低而大，亦可用肩向上靠其小腹。

要点：上撩的左拳应配合左脚尖踏地的时间，但只用左前臂上转，肘沉下。

图2-44

图2-44附图

图2-45

三十三、翻花舞袖

式名考释： 同前。

此式共有四个分解动作。

动作一： 眼法不变；身继续右转；双腿缠法不变，右腿屈膝塌劲，左腿以脚掌贴地向回带半步约一肩宽成左前虚步；同时，左拳变顺缠，大沉肘，肘尖内合，拳高齐胸，拳心侧向右后上斜角，拳眼侧向左后上斜角，右拳继续逆缠，向右后外下斜角略开一点，高与胯齐，拳心侧向右后下斜角，拳眼侧向左后下斜角。（图2-46）

图2-46

按： 此动作略同猿猴献果，而左手较低，仅为化劲，不是反攻。但在适当的时间内，仍可将肘多沉些，将拳走高些，而反击之。

作用： 退步掤法。假如有人从我前方按我左拳，我随势退步用左手沉肘掤化来势，右手以配合平衡。

动作二： 眼法不变；身左转；左腿顺缠，提脚落在右脚左侧，两脚跟相对成倒人字形，右腿逆缠，以脚跟内侧贴地向右前斜角进一大步约二肩宽成右侧马步；同时，左拳变逆缠收转到胸前，肘贴左肋，拳心侧向右后下斜角，拳眼侧向右后上斜角，右拳变顺缠，经右腮旁向右前斜角发劲，高与胸齐，拳心侧向左后上斜角，拳眼侧向右前上斜角。（图2-47）

图2-47

动作三、四： 重复二路拳第十八式的动作三、四。图从略。

三十四、掩手肱捶

式名考释、动作、作用、要点完全同上卷第三章洪式太极拳一路拳的图3-52~图3-54。

三十五、伏虎

式名考释：象形。为传说中的武松打虎之状。《陈式太极拳》名同。

此式共有四个分解动作。

动作一：眼看右后方；身继续左转；左腿顺缠，屈膝塌劲，右腿逆缠，右脚从原部位用脚尖贴地退半步（约半肩宽），仍为左弓蹬步，但应注意右裆及腿弯必须松沉，不可绷直；同时，右拳变掌，继续逆缠（走老逆缠），向右前直开，应将手心拧转向右方（大拇指在下边，小指在上边），右手的前开是松肩沉肘而被身体加大左转推动的前进，不是单纯地臂部前开，左手逆缠，向左后斜角转出，高与肋齐，手心侧向左后上斜角，手指指向左后下斜角（双手都走老逆缠）。（图2-48）

图2-48

作用：右手引掤右腿后蹬法。假如有人从我右后侧右步在前按我右肩背，我用右手引化来势，以右腿衬其左膝，左手向左下开保持平衡。

动作二：眼法不变；身右转；腿部缠法变右顺左逆，左右腿均屈膝塌劲，成左侧马步；同时，右手变拳，松肩沉肘变顺缠，向右下收转，肘部贴在肋部，拳高齐胸，拳心侧向左后上斜角，拳眼侧向右前上斜角，左手亦变顺缠握拳，沉肘经左腮旁收转到胸前，拳心侧向右后上斜角，拳眼侧向左后上斜角。（图2-49）

作用：右转身靠法。前法被对方掤化，我立变右转，用右肩靠其胸肋部，左手接应右手。

动作三：眼法不变；身继续右转；腿部缠法不变，步法不变；同时，右拳顺缠，向右腮旁上转，立变逆缠，拳心侧向左前下斜角，拳眼侧向右腮，左手仍顺缠，继续向胸前收转，拳心侧向右后上斜角，拳眼侧向左前上斜角。（图2-50）

图2-49 　　　　　图2-50

作用：右转身上引法。对方化我靠法，而以左手从我右臂上进挤。我立变右肘向上引其左臂，左手配合保持平衡。

动作四：眼看左前方；身左转；腿部缠法变为左顺右逆，右腿屈膝塌劲，左膝放松成左仆步；同时，右拳变顺缠，大沉肘，向右太阳穴前上转，

拳心侧向左后上斜角，拳眼侧向右前上斜角，左拳仍顺缠，向胸前收转，拳心侧向左后上斜角，拳眼侧向左前上斜角。（图2-51）

作用：双手上捌兼右臂靠法。对方以右臂松随，我用左手缠其左腕向下引进，右手肱部拨其左肘向左转成捌法；同时，右臂靠其小腹部。

要点：此式第一动作的右臂，应松肩沉肘，向右前方加大逆缠，以配合右足的后蹬，使上下、前后合成一个劲。

图2-51

三十六、抹眉肱

式名考释：此名系说明动作的。因右手当左转身跃步前进时，贴眉部向左旋转发劲，故取此名。陈氏老谱名"抹眉红"。

此式共有两个分解动作。

动作一：眼看左前方；身右转；右腿顺缠，左腿逆缠，屈膝塌劲成左侧马步；同时，左拳顺缠向前发劲，拳高齐口，拳心侧向右后上斜角，拳眼侧向左前上斜角，右拳先顺缠，从右腮外沉肘向前下转，再以拳头顺缠，转经左腕下收在胸前，拳心侧向右后上斜角，拳眼侧向左前上斜角。（图2-52）

图2-52

作用：右引左击法。略同连环炮第一动作。

动作二：眼法不变；身左转180°（此时眼自然形成向右前方）；腿部缠法变为左顺右逆，右腿提膝向前跃起，左腿跟跃，在空中转体，先落右脚，内扣脚尖，再把左脚落到右脚左后斜角二肩宽，成右侧马步；同时，右拳变逆缠为掌，松肩沉肘，经右腮旁随身向胸前击发，手心侧向左前下斜角，手指扬向左前上斜角，左手以指顺缠，松肩沉肘向胸前收转，手心侧向右后上斜角，手指垂向右前下斜角。（图2-53）

作用：跃步变式掤法。假设右后方的对手为解我右肘而推我腰背，其力甚猛。我身左转掤化，并跃向左前斜角，以应付该处的敌人。

要点：这是先以肘击右后方的对手后，又向左前跃出，应付前面对手之法。

图2-53

三十七、右单云手

式名考释：象形，并说明单手运动。《陈式太极拳》名"黄龙三搅水"，系老名字。陈氏老谱又名"白虎三搅尾"，取象形之意。今改名为"右、左单云手"，以符合实际。我初学时，左手掐住左腰间，《陈式太极拳》书中，陈发科师照片则系以拳于腰间，我则以手护胸。

此式共有四个分解动作。

动作一：眼法不变；身左转；双腿缠法不变，左腿屈膝塌劲，右腿后退半步，成一肩宽的右前虚步；同时，右手松肩沉肘，随右步的退行而向左下转，收到胸前，高与胸齐，手心侧向左后上斜角，手指扬向右前上斜角，左手在胸前手指继续顺缠下垂，手心侧向右后上斜角，手指垂向右前下斜角。（图2-54）

作用：退右步单手掤法。假如有人双手按我右肘臂，我退步用右手收掤来力。

动作二：眼法不变；身右转；腿部缠法变为左逆右顺，右腿向前迈进一大步，左脚跟进半步，成左后虚步；同时，右手变逆缠，从胸前向右上转，高与口齐，手心侧向右前下斜角，手指扬向左前上斜角，左手在胸前原位置不变，而松肩沉肘，以手指逆缠扬向右前上斜角，手心侧向右后下斜角。（图2-55）

图2-54　　　　　　图2-55

作用：右进步左跟步靠、肘、挤法。我掤其右手，使其落空，借对方向回抽手之机，进右步用右肩、肘、手攻击其胸部。

动作三、四：完全重复本式图2-54和图2-55的动作，作用亦同。

要点：右手虽然向左走的偏了，关键步伐变得稳定，是退要刚的原则。

三十八、拗步斩手

式名考释：同前。因动作所需，新添一名，初学者注意。又因其作为捯法，与斩手一反一正，遥遥相对，故名之为"拗步斩手"。

此式共有两个分解动作。

动作一：眼法不变；身略左转；双腿缠法变为左顺右逆，左腿向后退一大步，屈膝塌劲，右腿跟退半步，也屈膝塌劲，成右侧小马步；同时，右手大沉肘，顺缠向下转，从左前臂下侧收合在左肘外侧，交叉成十字状，左手仍沉肘以指顺缠，搭在右臂弯里侧，手心侧向右后下斜角，手指垂向右后下斜角，右手则手心侧向左后上斜角，手指扬向左前上斜角。（图2-56）

图2-56

作用：退步捯法，亦是蓄劲法。对方加大按我的右腕之劲，以防我开手进步挤之。我即加大松沉右肘之劲，引捯来劲，并以左手指配合蓄劲，准备换势。

动作二：眼法不变，但因身体右转而自然形成左前方；身右转；左腿逆缠，屈膝塌劲，右腿先顺缠提膝，随即外摆脚尖落在左脚的左前方成小盘步；同时，右手以手指顺缠，经左手下方斜向右上提转，转到胸口下方，手心侧向左后上斜角，手指垂向左前下斜角，左手松肩沉肘，

继续顺缠，从胸前向左前下塌外碾转出，手高齐胸，手心侧向右后上斜角，手指扬向左前上斜角。（图2-57、图2-58）

作用：右转身小盘步的左捌法。当前式我右手被封，对方又发劲向我右方按出时，我身右转以引化来劲，即用右手反拿其右腕，向我身体的右方上提，而以左肘前部下压其右肘关节外上侧，以发捌劲。

要点：应注意，当转身换步时，右脚的旋转提落必须和双手的运转配合一致。

图2-57 　　　　　　　　　图2-58

三十九、左单云手

式名考释：同前。

此式共有五个分解动作。

动作一：眼法不变；身继续右转；右腿顺缠，屈膝塌劲，左腿逆缠，向左前方横进一步约一肩宽，落下成左前虚步；同时，右手在胸前顺缠自转，手心侧向左后上斜角，手指垂向左前下斜角，左手顺缠，松肩沉肘向胸前收转，手心侧向右后上斜角，手指扬向左前上斜角。（图2-59）

作用：左进步单手掤法。假如有人从我左侧沉肘挤我，我进左步用左手掤化来势。

动作二：眼法不变；身左转；左腿顺缠，向左横进一大步，右腿逆缠跟进半步，成一肩宽的右后虚步；同时，左手变逆缠，向左前上斜角转出，手高齐肩，手心侧向左前下斜角，手指扬向右前上斜角，右手在胸前原处逆缠自转。（图2-60）

图2-59

图2-60

作用：跟步挤法。对方化我掤势，我立变左转身，跟进右步，用左手挤其胸部。

动作三、五：重复本式图2-59的动作，作用亦同。

动作四：重复本式图2-60的动作，作用亦同。

要点：在逆缠出手时，注意肘不要先动，应以手领肘。

四十、左冲

式名考释：此名系说明拳势作用的。以左拳、左脚同时向左冲击，故有此名。

此式共有四个分解动作。

动作一：眼法不变；身左转；右腿逆缠，屈膝塌劲，左腿顺缠，向左横进一大步，成两肩宽的左侧马步；同时，左手先逆缠向左上开，开到高与口平时，沉肘继续向左前方放开前臂，用半顺缠法向左发掌，高仍齐口，手心侧向右前下斜角，手指扬向左前上斜角，右手亦同时用半顺缠向右上转，再往下发劲，高与肩齐，手心侧向左前下斜角，手指扬向右前上斜角。（图2-61）

图2-61

作用：左进步，左掌侧击法。当对方因我进步挤时，欲以左手拿我的左腕，引使落空，再变它招。我将左臂放开，随其引进，并以手指半顺缠侧击其颈部或面部，右手同时向右放开，以调节平衡。右腿塌劲，不再向前跟进，也是为前发后塌，既保持了身体的稳度，又加强了左手前击之劲。

动作二：眼法不变；身右转；腿部缠法右顺左逆，右腿屈膝塌劲，左腿收退半步，成一肩宽的左前虚步；双手动作参照上卷第三章洪式太极拳一路拳的图3-122的双手动作，只是衔接处不同，作用亦同。图从略。

动作三、四：完全重复上卷第三章洪式太极拳一路拳的图3-123、图3-124的动作，作用亦同。（图2-62、图2-62附图、图2-63）

图2-62 　　　　　图2-62附图 　　　　　图2-63

四十一、下双撞捶

式名考释：此名系说明拳势动作的。本是左冲、右冲中间的小转关动作，因有其作用，而且学者练到此处注注不注意而丢劲，所以增入其名。老练法及《陈式太极拳》无此名。

此式只有一个分解动作。

动作：眼法不变；身左转；左脚在空中变顺缠，脚尖外摆向左前落进一大步，右脚变逆缠跟进半步，成左小盘步；同时，双手先变逆缠，右上左下地在原部位转腕，立即再变顺缠，松沉肘部，左拳从左膝外侧向正前方转出，右拳经右腮旁斜向前方下转，合在左腕上侧，拳心侧向左后上斜角，拳眼侧向右前上斜角，左拳心侧向右后上斜角，拳眼侧向左前上斜角。（图2-64）

作用：进步下击法。假如有人从我左前方按我左臂，我随势用左手略收掤化，立刻变为双手下击。

要点：双手下击时，身体要中正，裆劲要塌好。

图2-64

四十二、右冲

式名考释：同前。左冲而调换了方向，为右冲。

此式只有一个分解动作。

动作：重复上卷第三章洪式太极拳一路拳的图3-152、图3-153的动作，作用亦同，要点从略。（图2-65、图2-66）

图2-65 　　　　　图2-66

四十三、海底翻花

式名考释：《陈式太极拳》新增此名，今采用之。实则与一路拳中"右转身蹬脚"后变掩手肱拳的第一、二两动作完全相同。但一路在此两动作中，未曾起名。

此式共有两个分解动作。

动作一：眼法不变；身略左转，胸向左前斜角；双腿缠法变为左顺右逆，左膝弓住塌劲，右膝向腹前收转带回右小腿，成左独立步；同时，左拳仍顺缠，走外左小弧线向左胯外侧下转，拳心侧向右后上斜角，拳眼侧向左后上斜角，右拳变逆缠，走外左上弧线略向右胸前上转，拳心侧向左后下斜角，拳眼侧向左后上斜角。（图2-67）

图2-67

作用：右手掤法。假如有人用右手按我右腕，我随势左转身，右手掤化。同时，提膝击其裆部。

动作二：眼法不变；身右转90°，胸向正前方；双腿缠法变为左逆右顺，左腿以左脚跟为轴，随身之右转向里扣转左脚尖，右膝略向裆前提合，仍为左独立步；同时，双手缠法变为左逆右顺，左拳走外右上弧线向左腮旁上转，右拳走外右上弧线向右胯外侧下转，左拳心侧向右前下斜角，拳眼侧向右后上斜角，右拳心侧向左后上斜角，拳眼侧向右前上斜角。（图2-68）

图2-68

作用：右手反拿法。对方按法被化，欲左转身用右手拿我右腕。我随势右转身，用右手反拿其右腕，并提合右膝护我裆部。

四十四、掩手肱捶

此式完全重复上卷第三章洪式太极拳一路拳的图3-51～图3-54的动作，作用亦同。

四十五、扫蹚腿

式名考释：此名系说明拳势作用的。《陈式太极拳》名同，陈鑫老谱名"扫蹚鞭"。

此式共有四个分解动作。

动作一：眼看左前方；身略左转；腿部缠法左顺右逆，左腿弓膝塌劲，右腿提膝裹裆，成左独立步；同时，右拳变顺缠，走下弧线收到胸前，拳心侧向左后上斜角，拳眼侧向右前上斜角，左手握拳变逆缠，走下弧线，经右肘下向前击发，拳心侧向左前下斜角，拳眼侧向右后下斜角。（图2-69）。

图2-69

作用：提步右掤左击法。假如有人用右手拿我右腕，我提右步沉右手随掤，左拳从右肘下前击其胸部，使之难防。

动作二：眼法不变；身右转；腿部缠法变为左逆右顺，左腿屈膝塌劲，右脚震落在左脚的右后外斜角，成一肩宽的左侧小马步；同时，右拳在胸前顺缠自转，拳心侧向右后上斜角，拳眼侧向右前上斜角，左拳顺缠，走外上弧线向颏下收转，拳心侧向右后上斜角，拳眼侧向左前上斜角。（图2-70）

作用：右转身将法。对方化我左拳，以右手从我左拳上挤进。我立变右转落右步，左拳绕在他的右肘关节外上侧，右手缠其右腕，随身转将。

动作三：眼看左后方；身右转270°；右腿顺缠屈膝塌劲，脚尖外摆，成小盘步，左腿逆缠，以左脚跟里侧贴地向右扫转，落在右脚的左前方，成一肩宽的小马步；同时，右手仍顺缠，在原处自转，拳心侧向右后上斜角，拳眼侧向右前上斜角，左手仍顺缠，松肩沉肘，下塌外碾向胸前收转，拳心侧向右后上斜角，拳眼侧向左前上斜角。（图2-71）

图2-70

图2-71

作用：转身挒兼左腿扫法。对方进右步化挒，我继续右转身向右挒其右臂，左腿扫其前脚。

动作四：眼法不变；身继续右转270°；左腿逆缠屈膝塌劲，向里扣转脚尖，右腿以脚尖划地，随身右转向后倒扫，落在左脚的右后外斜角，弓膝塌劲，成一肩宽的左侧小马步；同时，右手仍在胸前顺缠自转，拳心侧向右后上斜角，拳眼侧向右前上斜角，左拳继续顺缠，加大自转，拳心侧向左后上斜角，拳眼侧向左前上斜角。（图2-72。注：此图的左手动作，在扫蹚腿后又做了逆缠变化，是扫蹚腿和掩手肱捶的过渡动作）

图2-72

作用：转身挒兼右腿倒扫法。

要点：第一动作的左拳从右拳下前发。转向换步时，裆劲塌好。

四十六、掩手肱捶

此式完全重复上卷第三章洪式太极拳一路拳的图3-51～图3-54的动作，但方向与接榫不同，此式由左侧小马步，左腿逆缠进半步变成左侧大马步。作用、要点亦同，只保留最后一个动作作为衔接图。（图2-73）

图2-73

四十七、右拳炮捶

式名考释：此名系说明拳势作用的，因双拳向右攻击而取其名。

此式共有五个分解动作。

动作一：眼看正前方；身右转；右腿顺缠，左腿逆缠，屈膝塌劲，成左侧马步；同时，右拳变顺缠，从右前方向下转腕收转到胸前，高与胸齐，拳心侧向左后上斜角，拳眼侧向右前上斜角，左手也顺缠握拳，经右腕上向前击发，高齐下颏，拳心侧向右后上斜角，拳眼侧向左前上斜角。（图2-74、图2-74附图）

图2-74

图2-74附图

作用：右引掤左击法。假如有人从我左前方用右手按我右腕，我随势收转右手以掤引来势，用左拳击其右肘关节外侧。

动作二：眼法不变；身继续右转；右腿仍顺缠，弓膝塌劲，左腿逆缠退半步，成一肩宽的左侧小马步；同时，右手仍顺缠，在胸前自转，拳心侧向右后上斜角，拳眼侧向右前上斜角，左手亦顺缠，松肩沉肘，下塌外碾，向颏前收转，拳高齐口，拳心侧向右后上斜角，拳眼侧向左前上斜角。（图2-75、图2-75附图）

作用：退步捋法。对方化我上势，松肩沉肘以右手挤我。我随势退左步，用左手搭在他的右肘关节外侧捋其右臂，右手缠其右腕。

动作三：眼法不变；身左转（此时眼法自然形成右前方）；右腿逆缠，屈膝塌劲，左腿顺缠提膝，外摆脚尖，落在右脚的左外侧成并步；同时，右手变逆缠，向右前上斜角上转，拳心侧向右前下斜角，拳眼侧向左后上斜角，左手继续顺缠，向胸前收转，拳心侧向左后上斜角，拳眼侧向左前上斜角。（图2-76）

作用：并步转掤法。对方化我捋势而进步挤我。我立变左转并步，收左手引其左腕，出右臂掤其左肘关节。

动作四：眼法不变；身继续左转；

图2-75

图2-75附图

图2-76

左腿顺缠，屈膝塌劲，右腿逆缠，向前进一大步，成右半仆步；同时，双手仍握拳向左捋，如六封四闭第三动作。（图2-77）

作用：进右步捋法。

动作五：眼法不变；身右转；左腿逆缠，屈膝塌劲，右腿顺缠，塌落脚尖成右侧马步；同时，双手变逆缠，随身略向右前发劲，右拳心侧向右前下斜角，拳眼侧向左后上斜角，左拳心侧向右后下斜角，拳眼侧向右后上斜角。（图2-78）

图2-77

图2-78

作用：右双手挤法。对方化我捋势，身变右转，我双手变挤迫其仰跌。
要点：最后两个动作，双肘均应下垂。

四十八、左拳炮捶

式名考释：同上，但方向相反。

此式共有四个分解动作。

动作一、二、三、四：将上式动作二至动作五的步法、手法、身法，反

137

过来做即可。眼法不变。（图2-79～图2-82附图）。

作用：把上式的作用反过来即可。

图2-79

图2-80

图2-80附图

图2-81

图2-81附图

图2-82

图2-82附图

四十九、进步侧靠

式名考释：此名系说明拳势作用的。《陈式太极拳》将此式名为"倒插"。

此式共有两个分解动作。

动作一：眼法不变；身左转（此时眼法自然形成右前方）；左腿顺缠，松裆塌劲，脚尖外摆，右腿逆缠，向里扣膝，成左小盘步；同时，左拳顺缠变掌，沉肘向胸前收转，手心侧向右后上斜角，手指垂向右前下斜角，右拳继续逆缠，从心口前经左腕上侧向胸前沉转，拳心侧向右后下斜角，拳眼侧向左后上斜角。（图2-83）

作用：蓄劲转掤法。假如上式对方化我挤法而身向右转，以左手缠我左手，右手缠我右手，向我左下捋拿。我随势左转身，用左手缠其左腕，右手随掤其右手。

动作二：眼法不变；身继续左转；左腿顺缠屈膝塌劲，右腿逆缠，提膝带脚震落在左脚的右侧，成一肩宽的小正马步；同时，左手仍顺缠，向心口前上转，手心侧向右后上斜角，手指垂向右前下斜角，右拳同时顺缠变掌，向裆前下转，手心侧向左后上斜角，手指垂向正前下斜角。（图2-84）

图2-83　　　　　　图2-84

作用：进步侧靠法。我左手缠其左腕向左引进，并进右步，用右肩靠其左肘关节外侧发劲，右脚震发助攻。

要点：在右肩击发时，应松塌裆劲。

五十、掩手肱捶

式名考释：同前。

此式共有六个分解动作。

动作一：眼法不变；身继续左转；左脚仍顺缠，屈膝塌劲，右腿逆缠，提膝成右前虚步；同时，左手顺缠握拳，向左胯外略转，拳心侧向右后上斜角，拳眼侧向左后上斜角，右手变拳仍逆缠，向脐前收转，拳心侧向右后下斜角，拳眼侧向左后上斜角。（图2-85）。

作用：右收掤法。对方向我左下方按我右手，我以逆缠向左下收转掤化，左手外转以调平衡。

动作二、三：参照二路拳翻花舞袖动作三、四的眼、身、步、手、作用，为翻花舞袖到掩手肱捶的衔接处。图从略。

动作四、五、六：完全同上卷第三章洪式太极拳一路拳的图3-52～图3-54的动作，作用亦同，图解从略，只留图2-86作衔接图。（图2-86）

图2-85　　　　　图2-86

要点：此式系掩手肱捶的变式，所以右手动作较小而快，右手不向右外展出，而在心口前做小旋转。

五十一、倒插花

式名考释：象形。因右拳向下打，而故有其名。

此式共有六个分解动作。

动作一：眼先向右后方看，当身体右转后，即成看右前方；身右转约180°；左腿逆缠塌劲，以脚跟为轴，将脚尖内扣，右腿顺缠，以脚尖划地向右后方旋转，成为右前虚步，并将左脚尖再向内扣一点，脚尖斜向身体的左前方；同时，右手大沉肘，贴近右肋，将右拳向下略收转，高与脐平，拳心侧向左后上斜角，拳眼侧向右前上斜角，左手松肩沉肘向前沉转，手合在右拳下侧，手心侧向右后上斜角，手指指向右后上斜角。（图2-87、图2-87附图）

图2-87 　　　　　　图2-87附图

作用：右转身退步肘掤法。假如有人从我右后侧按我腰部，劲向左偏，我右转退右步，用右肘夹其右腕以掤化来势，并用右腿带扫其前腿。

动作二：眼法不变；身略右转；左腿逆缠塌劲，右腿顺缠提膝，成左独立步，也可震脚，落在左脚的右前方，成右侧小马步；同时，右拳在原处自转一小圈，左手以指略顺缠，加强蓄劲，手心均向后上侧。（图2-88）

作用：手部蓄劲而右脚震地，以加强下沉的劲，并分散对方的精神。

动作三：眼法不变；身左转；右腿逆缠，向右侧以脚跟贴地溜进一大步，屈膝塌劲，左腿顺缠，跟进半步，成右侧马步；同时，右拳逆缠，向右前方下转发劲，拳高齐裆，拳心侧向左后下斜角，拳眼侧向左前上斜角，左手以指顺缠，向胸前斜着上转，手心侧向右后下斜角，手指垂向右前下斜角。（图2-89）

作用：双脚一同溜进，左引右下撩阴法。我以左手引其腕，并进步以右拳击之。双脚溜进是加强右拳的发劲。

动作四：眼法不变；身左转；右腿逆缠，塌劲不动，左腿顺缠提膝，外摆脚尖成右独立步；同时，右拳变掌，顺缠向胸前收转，手心侧向左后上斜角，手指扬向右前上斜角，左手变逆缠，向左胯外侧转出，手心侧向左后下斜角，手指扬向右前上斜角。（图2-90）

图2-88

图2-89

图2-90

作用：左步拗进，双手双引左膝进打法。

动作五：重复本式图2-88。

动作六：重复本式图2-89。

要点：在击发右拳时，裆劲应向下沉塌，才符合前发后塌的规律，拳头应向前下斜角击发，还要配合右脚脚尖踏地同时发劲。

五十二、左二肱

式名考释：此式系说明拳势动作的。因从左拳开始与右拳交换两次，名为"左二肱"。与下面的"右二肱"方向相反。陈氏老谱名为"左二红""右二红"。

此式共有两个分解动作。

动作一：眼法不变；身右转；腿部缠法变为右顺左逆，松裆沉膝，步法不变；同时，左手顺缠握拳，松肩沉肘向前发劲，拳高齐口，拳心侧向右后上斜角，拳眼侧向左前上斜角，右手变顺缠，向胸前收转，拳心侧向左后上斜角，拳眼侧向右前上斜角。（图2-91）

图2-91

作用：右引左击法。假如有人从我右前方按我前式倒插花的右拳，我随势收转右拳掤化，随身之右转，即用左拳攻击其胸部。这是陈鑫说的"一引一击法"。

动作二：眼法不变；身左转；腿部缠法变为左顺右逆，屈膝塌劲，步法不变；同时，左拳顺缠，沉肘收转到胸前，拳心侧向左后上斜角，拳眼侧向左前上斜角，右拳继续顺缠，经左腕上侧向右前方发劲，拳心侧向左后上斜角，拳眼侧向右前上斜角。（图2-92）

作用：左引右击法。应注意前一动作左拳是下沉向前转出，此动作的右拳是走斜圈发出的。

要点：双拳击发在同一点。在击发拳头时，身体必须转得灵活而裆劲塌稳。

图2-92

五十三、左变式打桩

式名考释：此名系说明拳势的动作和作用的。因左拳发劲后，左腿随身体左转而跃进变势并站好桩步，而取其名。《陈式太极拳》将此式改为"玉女穿梭"，也系因其纵跃像穿梭之形。

此式只有一个分解动作。

动作：眼看右前方；身右转（约180°）；左腿逆缠，用脚蹬地，随身的右转而向右脚的右前斜角跃进一大步约二肩宽，右腿顺缠提膝随身转过来，落在左脚的左后斜角，成左侧马步；同时，左拳逆缠向右发劲，拳高齐胸，拳心侧向右前下斜角，拳眼侧向右后下斜角，右拳亦逆缠，从右

前下向胸前收转，拳心侧右后下斜角，拳眼侧向左后上斜角。（图2-93、图2-93附图）

作用：转身打桩法。我掤化对方攻势，右转身跃进左步的左手随化及转身背靠法。

要点：此式跃起在空中完成转体动作。

图2-93 　　　　　　图2-93附图

五十四、左回头当门炮

式名考释： 象形（以说明拳势动作）。同第一路当门炮。

此式共有两个分解动作。

重复上卷第三章洪式太极拳一路拳的图3-251、图3-252的动作，只是衔接处及步法的方向不同，要点、作用均同。（图2-94、图2-95）。

图2-94 　　　　　　　　　图2-95

五十五、右二肱

式名考释：同"左二肱"，左右相反。

此式共有两个分解动作。

把本路拳的图2-91、图2-92的眼、身、步、手反过来即可。（图2-96、图2-97）

图2-96 　　　　　　　　　图2-97

作用：参照图2-91、图2-92的作用，反过来用。

五十六、右变式打桩

式名考释：同前。

此式只有一个分解动作。

把本路拳的图2-93的眼、身、步、手反过来即可。（图2-98、图2-98附图）

作用：参照图2-93的作用，反过来用。

图2-98 　　　　　　　图2-98附图

五十七、右回头当门炮

式名考释：同前。

此式共有两个分解动作。

把本路拳的图2-94、图2-95的眼、身、步、手反过来即可。（图2-99、图2-100）。

图2-99 　　　　　　　　　　图2-100

作用： 参照图2-94、图2-95的作用，反过来用。

五十八、撇身捶

式名考释： 同二路拳"撇身捶"。

此式共有两个分解动作。

动作一： 眼看左前方；身左转；腿部缠法变为左顺右逆，松裆沉膝成左侧马步；同时，左拳松肩沉肘继续逆缠，从原位置向胸前略下转，手高齐胸下，拳心侧向右后下斜角，拳眼侧向右后上斜角，右拳亦逆缠，从原位置斜向左肘外收合，拳心侧向左后下斜角，拳眼侧向左后上斜角。（图2-101）

作用：左转掤法。假设有人从我左前按我左肘，劲向左偏。我左转以左手松沉掤化，右手插在他的右手下边准备变式引拿。

动作二：眼法不变；身右转；腿部缠法变右顺左逆，步法不变，暗换裆劲；同时，双手同变顺缠，右手向右，左手向左，斜着分开发劲，右手高与肩齐，拳心侧向左后上斜角，拳眼侧向右后上斜角，左拳高与左肋平，拳心侧向右后上斜角，拳眼侧向左前上斜角。（图2-102、图2-102附图）

作用：解脱左手的擒拿法。同图2-16。

图2-101

图2-102 　　　　　图2-102附图

要点：这两个动作与第一个撇身捶不同处，一是双手合得较大，二是双手开得高度不同，总是因为来脉的高低不同而变势也不同。学者须注意细区分其异同，细心地体会。

五十九、拗拦肘

式名考释：同飞步拗拦肘，而前系飞步，此则左转身。老练法无"飞步""左转身"等字样。

此式共有两个分解动作。

动作一：眼法不变；身左转；左腿顺缠松裆，外摆脚尖，塌好劲，右腿逆缠，松沉膝部，成左大盘步；同时，左手变掌沉肘，肘尖向内转，以手指继续顺缠，高度不变，手心侧向右后上斜角，手指斜向右前方，右手仍握拳变逆缠，以腕为轴，收转在右腮旁，拳心侧向左前下斜角，拳眼侧向左后上斜角。同本路拳图2-17。

作用：左掤引法。假如有人从上式被拿后而向右转身松沉左肘挤我，我随势加大左转身，用左手缠其左腕向左沉传，掤化来势，右手收转蓄劲，准备下步击发。

动作二：眼法不变（因身已转过来，自然形成右前方）；身体继续左转；左腿顺缠，屈膝塌劲，右腿逆缠，提膝下震，落于左脚的右侧，成小正马步；同时，右手变顺缠，斜向胸前下转，下塌外碾发劲，拳心侧向右后上斜角，拳眼侧向右前上斜角，左手以指继续顺缠，合在右肘外下侧，手心侧向右后上斜角，手指垂向右前下斜角。（图2-103）

图2-103

作用：左转身拗拦肘法。我掤化来势，继续用左手反拿其左腕向胸前引转，并上右步用右肘击其左肘外侧关节，右脚直踩其脚面，配合右手助攻。

要点：右手下击时要下塌外碾的发劲，要把右臂肱部像刀刃切菜那样发劲。

六十、顺拦肘

式名考释：此名系说明拳势作用的。因系截拦对方的来劲，右肘、右步在同一方向而发劲，是顺步的打法，所以名顺拦。陈发科师又解释，此式攻击的目标为对方的心窝，所以又名为"穿心肘"。

此式共有两个分解动作。

动作一：眼法不变；身左转；左腿顺缠，向左横退半步，屈膝塌劲，右腿逆缠，脚不离地向左随退半步，成左侧小马步；同时，右手松肩大沉肘，肘尖内转下塌外碾向左上收转，拳高齐口，拳心侧向右后上斜角，拳眼侧向右前上斜角，左手逆缠，经右肘下向左前上斜角转出，手心侧向左前下斜角，手指扬向右前上斜角。（图2-104）

图2-104

作用：左退步引掤法。对方左转而松沉左肘，并进步靠我。我向左退步，以右手掤化。

动作二：眼法不变；身右转；右腿顺缠，向右横进一大步约二肩宽，左腿逆缠，向右跟进半步，塌劲成右侧马步；同时，右手逆缠变掌，从口旁下转到胸前，略高于肘部，肘向右发，手心侧向左后下斜角，手指扬向左前上斜角，左手先顺后逆向胸前下转，劲向左发，手心侧向右后下斜角，手指扬向右前上斜角。双手虽同时左右发劲，但应注意左肘下沉之劲大于右肘，右肘则向右平发劲，以符合前发后塌的发劲规律。（图2-105）

作用：右进步顺拦肘法。对方因前一动作而双手劲向我左前上斜角落空，身将向前失重，欲调整重心的平衡。我趁其尚未退步之际，随将右步趟进对方的左腿里侧，并以右肘攻其胸部。左手则沉肘向左塌劲，以保持左右的平衡，而不使右侧双重。

图2-105

六十一、窝底炮

式名考释：此名系说明拳势作用的。因拳从里向外、从下向上旋转而发，如同一个窝底发炮一般，所以取此式名。《陈式太极拳》名"窝里炮"，意义无大差别。

此式共有两个分解动作。

动作一：眼法不变；身左转；左腿顺缠，向左横退半步塌劲，右腿逆缠，随左脚同向左退半步，成右侧小马步；同时，右拳先略变顺缠，立变逆缠向裆前下转，拳心侧向右后下斜角，拳眼侧向左后下斜角，左手在脐前顺缠自转，手心侧向右后上斜角，手指垂向右前下斜角。（图2-106）

图2-106

作用：退步下掤法。我用顺拦肘法攻击对方左肋，对方先以左手按我肘尖，我立变顺缠掤化。对方又用右手向下按我右拳，我立变退步手向下转掤，左手以做接应。

动作二：眼法不变；身略右转；右腿顺缠，向右横进半步，屈膝塌劲，左腿逆缠，跟进半步，成一肩宽的右侧小马步；同时，右拳变顺缠，经心口前向右前上转发劲，拳高齐口，拳心侧向左后上斜角，拳眼侧向右前上斜角，左手以指顺缠自转，随身向左发劲，手心侧向右后上斜角，手指垂向右前下斜角。（图2-107）

图2-107

作用：进步右击法。我掤化对方下按之劲，对方欲向后退，我立变右转身进右步，跟左步，用右拳攻击其胸部。左手配合右拳调节平衡。

要点：此式是低来高打法，而顺拦肘则系高来低打法。如同一个圆轮，一个正转，一个倒转似的，可以参悟体会。同时，又体会到太极拳既有"高来低打，低来高打"的口诀，还有"左来右打""右来左打""斜引正打"等法，因敌变化而已。

六十二、径拦直入

式名考释：同前。

此式完全同本路拳的图2-12的动作，作用亦同。

要点：此动作的眼法、手法均与第一径拦直入相同。但因接榫的不同，而身法转的角度和步法的方向也因之不同，前者的步法是左脚在右脚的左前斜角，所以转身的方向是右转90°，左脚的进步方向与起式的方向相同，而偏向右前。此式则接榫处两脚左右平列，左脚要进在起势的反面，所以身体须转180°。

六十三、风扫梅花

此式完全同本路拳的图2-13的动作，作用、要点亦同。

六十四、金刚捣碓

此式完全同上卷第三章洪式太极拳一路拳的图3-57～图3-59的动作，作用、要点亦同。

收 式

完全重复上卷第三章洪式太极拳一路拳的收势。

图照说明：

（1）一、二路详释中，如出现文字与图照手指、手心方向不符之处，皆以文字为准。因为此种情况下，图照中手法系为下一势的过渡动作。

（2）二路拳照，自大肱拳图2-26至倒骑驴图2-34、右单云手图2-54至扫蹚腿图2-71、倒插花图2-88至撇身捶图2-102三段图照，拍照时角度与拍照预备式的角度相反，因而参阅图照时，应当将此三段图照中拳路的面向反过来看。

第三章 洪式太极拳二路（炮捶）功用歌诀

一、捣碓、拦擦衣、六封四闭、单鞭

二路拳法更圆灵，转跃发劲较显明。
捣碓单鞭前四式，复习着法一路同。

二、搬拦捶、猿猴献果

搬拦捶先左下掤，左手反击解拿封。
波如松化进步按，沉肘献果向口中。

三、护心拳、连环炮、搂膝拗步

波如转变按方向，左转收拳调步掤。
右步斜进先左捋，右转肘靠平挒成。
连环炮左右引击，收腿只因敌进攻。
引波右手进左步，左转搂膝与前同。

四、右转身靠、径拦直入、风扫梅花、捣碓

右转马步掤兼靠，双手顺缠腰裆灵。
径拦直入小转换，右手上採左按胸。
梅花倒扫右斜转，捣碓採挒快如风。

五、十字手、庇身捶

十字手与庇身捶，再次复习腰裆功。

六、撇身捶、右斩手

撇身左掤变解拿，转拿拨腕斩莫停。

七、翻花舞袖、掩手捶

翻花舞袖先左转，因有人从左右攻。
波按我向左跃步，反复跃转手步灵。
左转右进先左捋，右手收掤右转封。
掩手肱捶发劲后，波以左手接腕中。

八、飞步拗拦肘、大红拳

波方引退我跃进，拗拦发肘不留情。
波方化进我引退，连环掤靠用大肱。

九、高探马、小红拳

右臂被封身右转，高探马要右转掤。
落步变成捋挤法，小肱手步小而灵。

十、高探马、穿梭、倒骑驴

左转捋再高探马，退捋进挤穿梭形。
倒骑驴迎身后敌，左右捋拿进退中。

十一、闪通背、进步掩手捶

闪通背与掩手捶，作用尽与前法同。

十二、裹身鞭、右转裹身鞭

裹身鞭乃被人搂，双手提掤如伞撑。
身向右转腰裆松，双肘裹身齐后攻。

十三、手肘式、劈架子、翻花舞袖

左掤右退手肘式，连环肘法见奇功。
劈架右手先转掤，右脚垫步左前行。
趁势右手斜下引，左拳撩阴向裆冲。
原地跃转袖舞翻，复习跳跃练腿功。

左手顺缠先退掤，转拿右进挒法成。
右手被拿逆缠退，手步收转将敌封。

十四、掩手捶、伏虎、抹眉肱

掩手捶为接榫处，伏虎左转是倒掤。
右手前松左外按，暗藏右脚向外蹬。
右转再变右肘靠，左转两手护头胸。
右背靠兼左迎敌，马步变为右反弓。
左击右引变右掌，连环发劲抹眉肱。
右掌劲发身随跃，转身落步右单掤。

十五、右单云手、拗步斩手

一手如伤单云手，单臂应敌仍从容。
波如进按我退掤，转身进挤不留停。
三退之后右被封，右转拗斩莫留情。

十六、左单云手

左手收掤左步进，退挒进挤连环中。
三进波方变转化，手开后步莫跟踪。

十七、左冲、下双撞捶、右冲

一开即合变左冲，左脚斜蹬膝裆冲。
左转落步手下撞，提膝进步变右冲。

十八、海底翻花

海底翻花左右转，双手开合变化灵。

十九、掩手捶、扫蹚腿、掩手捶

掩手捶仍前法劲，扫蹚腿先右随掤。
波引我手向后退，右手沉转步跟踪。
左挤震脚变转捋，左脚前扫稳而灵。
调步倒扫成斜马，掩手肱捶又一重。

二十、右拳炮捶、左拳炮捶、进步侧靠、掩手捶

拳炮捶先左侧掤，因波接手进步封。
退捋波再变左挤，左转调步手挤掤。
转身立变进步捋，右挤就在一转中。
左退捋变右进捋，左右双练式非重。
左挤双手被人封，左转侧靠化变攻。
波如挤化我跃转，掩手捶要击肋胸。

二十一、倒插花、左二肱

身后有人按腰攻，立即右转腰裆松。
右肘贴肋随腰转，将波右腕夹其中。
转身膝打兼脚踹，如花倒插捣黄龙。
波如反攻我左引，左脚前踹莫留情。

彼退我进右膝打，右拳下击步跟踪。
右拳被拿即收转，左拳发出对敌胸。
左引右击连环发，左直右横要分清。
左右拳兼左右肘，式名取作左二肱。

二十二、左变式打桩、左回头当门炮

右拳再引左拳打，跃进变式桩步灵。
落步再转变右捋，左转双挤如炮崩。

二十三、右二肱、右变式打桩、右回头当门炮、撇身捶

右发左引连环变，式名又取右二肱。
变式打桩当门炮，只在左右转换中。
撇身捶先左收掤，右转反拿快如风。

二十四、拗拦肘、顺拦肘、窝底炮

转身进步拗拦肘，彼若松化我退行。
右手引进再反攻，高来低打右肘攻。
手足同进名顺拦，穿心肘法试莫轻。
彼若按肘或封拳，窝底发炮使人惊。

二十五、径拦直入、风扫梅花、捣碓

径拦风扫变捣碓，二路六十四式终。

附录一　1964年《体育报》"太极拳缠丝劲争鸣与探讨"系列文章

一、"太极拳缠丝劲争鸣与探讨"系列文章发表附记

1964年，《体育报》"体育研究"专栏，就太极拳缠丝劲和抽丝劲的问题展开了空前绝后的大辩论。该讨论是由顾留鑫先生把太极拳缠丝劲和抽丝劲运用到简化太极拳法中而引起的。

吴式太极拳名家徐致一先生，首先在《体育报》"体育研究"专栏发表文章提出自己的意见和看法，表示不同意顾留鑫先生在太极拳缠丝劲和抽丝劲中的一些观点。接着陈式太极拳名家洪均生先生，对徐致一先生的一些论点提出了不同的看法，由此展开了探讨。

1964年9月23日，赵任情先生在《体育报》"体育研究"栏目第八期发表了"太极拳缠丝劲和抽丝劲的异同"一文，赞同徐致一先生的看法。但文中也有自相矛盾的地方（参见洪均生先生的文章"就太极拳缠丝劲、抽丝劲问题再作商讨"）。

武式太极拳名家罗基宏先生也发表文章，对徐致一先生的观点提出了几点商榷意见。陈式太极拳名家李经悟先生对于缠丝劲的问题也提出了不同看法（参看原文）。

最后一篇是洪均生先生所写"就太极拳缠丝、抽丝问题再作商讨"一文，当年报社因种种原因使研讨辩论停止而未能发表，稿件也于1964年9月2日退回。此稿件一直存放在洪均生先生弟子蒋家骏手中，曾发表在《武林》杂志2001年第11期（总第242期）。

公开上述文章，旨在学术讨论，目的是更好地传承、发展太极拳技艺，望天下习太极拳同道共悉之。

图一

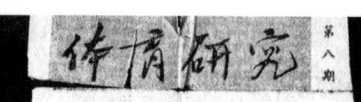

图二

二、略谈太极拳的缠丝劲问题

徐致一

近来，常遇到爱好太极拳的朋友，来同我谈论太极拳的"缠丝劲"问题。有的朋友从陈式太极拳的特殊风格来判断，认为"缠丝劲"是陈式太极拳的独特要求；持相反意见的则认为陈式的"缠丝劲"即是其他各式的"抽丝"，并找出"陈式太极拳"的一段文字，来证实他的说法，这段文字是这样的：

"太极拳必须运劲如缠丝，或者说运劲如抽丝。这两种形象的比方都是说，运动的形象如螺旋。同时，这种螺旋又必须走弧线，犹如子弹通过枪膛中的来复线后，当它运动于空间时，既有螺旋形的自身旋转，又有抛物线型的运动路线。太极拳的缠丝劲，就要具有这种形象。"

根据引文，仅提出我个人的两点看法，供爱好太极拳运动的朋友们参考。

第一，原文"太极拳必须运劲如缠丝"一语，在太极拳这个名词前面，并未曾冠上陈式二字。由此可见，原意是把缠丝一劲作为各式太极拳的共同要求的（包括杨、武、孙、吴各式，八十八式和简化太极拳在内）。我虽然不敢断言陈式以外的各式都没有缠丝劲，但我练了几十年的吴式太极拳，一直就没有练过带有螺旋形的缠丝劲，却是铁一般的事实。吴式是杨式的支派，我记得已故杨式名家杨澄甫先生所说的"太极拳十要"，也没有提到缠丝一劲，甚至连抽丝一劲也没有提到。为什么杨式和吴式都不重视陈式所重视的缠丝劲呢？要回答这个问题，我想最好是拿陈家沟已故陈式太极拳名家陈鑫的遗著（陈字品三，是1849—1929年时人）来谈一谈。他的著作里，有这么两段话：（一）"打太极拳须明缠丝劲，缠丝者运中气之法门也，不明此即不明拳。"（二）"太极拳，缠法也……其法有进缠、退缠、左缠、右缠、里缠、外缠、顺缠、逆缠、大缠、小缠，而要莫非以中气行乎其间……"可见陈鑫所擅长的太极拳是一种缠法，练缠法必须练缠丝劲，我认为是无可非议的。可是吴式决不是一种缠法，不但在盘架时没有螺旋运动，而且在研究用法时，也是力戒用缠法去制胜对方的。总之，太极拳的主要要求在于懂劲（即是懂得"阴不离阳，阳不离阴"的用劲方法），它的应用方法也并不限于缠法一种，若仅仅以缠法（或者说是缠丝劲）的有无来评价太极拳的深浅，是很不恰当的。因此，我也认为缠丝劲是陈式太极拳不可或缺的一种劲，决不是一切太极拳都必须具备的一种劲。

第二，原文"或者说运劲如抽丝"，原意是把"缠丝劲"和"抽丝劲"看作同样性质的。根据我的体会，拳论里所说的"迈步如猫行，运劲如抽丝"二语，前一句不过是动步要轻而稳，后一句不过是动手要柔而匀，都是行功时的动作要求。虽然在习惯上，把后一句的运动叫作抽丝劲，但是，在实际上，它和用法上所说的劲（如掤、捋、挤、按等），并不是同样的性质。在吴式太极拳里，抽丝动作的作用，主要是在于养成手上"不妄动刚劲"的必要习惯。先要有了这种基本功夫，才能为日后练习"人刚我柔"和"刚柔相济"的技击功夫铺平道路。有些人在理论上是懂得刚柔相济的，但是在应用时，由于情绪紧张，总是惯于用刚而不惯于用柔，就是缺少这种基本功夫的缘故。缠丝劲是和缠法相结合的，它能使缠法发挥更大的威力，可见它的作用和抽丝的作用是并不一致的。有人说，把吴式动作里的"转腕旋膀"加上弧形线路，不就等于螺旋运动吗？须知吴式的转腕旋膀，主要是为了变换手的方向，以适应弧线的来回转变，在弧线的方向转变不大时，是不需要转腕旋膀的。而且在旋转中，也并不造成弧线的螺旋形象，岂能和陈式的螺旋动作相提并论！也有人说，缠丝是陈鑫所用的原名，在武禹襄的著作里（武是武式太极拳的创始者，1812—1880年时人），才把它改为"运劲如抽丝"，可见缠丝和抽丝，是名异而实同的。武氏的出生，早于陈氏37年，不知此说是否有误？而且抽和缠二字，在意义上是并不相近的。武氏是深通文字的太极拳家，何至如此轻率地把极为重要的螺旋作用改得无影无踪！也有人说：抽丝，在某种情况下，是可以抽出螺旋形来的。那么，武氏既然乐意为王宗岳的拳论作注解，为什么他在这个抽字上，反而"惜墨如金"呢？假使武氏能把抽字的特别意义，加上很少的几句注解，岂不省却后人许多揣测！总之，陈式和吴式是两种不同类型的太极拳，陈之所有，不一定即为吴之所有，吴之所有，不一定即为陈之所有，因此，缠丝和抽丝，我也认为是不可混为一谈的两种动作。

上面这些意见，由于我的水平较低，难免有不正确的地方，仅供参考。

另外，我还想借此机会，谈一谈有关简化太极拳的一个问题。简化太极拳是目前流行最广的一种太极拳，它于群众健康有很大关系，是不待烦言的。最近我查了一查简化太极拳的说明书，在各项要求下，未见有缠丝劲这一要求；可是在上海出版的"简化太极拳"里，却把缠丝劲列为要求之一，原因是这本书在许多地方根据的是陈鑫的拳论。从说明书里，我们可以知道，简化太极拳是根据杨式太极拳改编的。究竟陈式和杨式是不是同一类型和同一要求的太极拳呢？假定说杨式确有缠丝劲，只是为了这个劲很难练而特地予以简化的话，那就不成什么问题了。如果是杨式也只有抽丝而没有缠丝的话，那就有必要把简化太极拳的用劲问题好好地明确一下，以免初学无所适从，同时，也免得在广大的练拳朋友中间引起无谓的迷惑，这对简化太极拳的发展前途来说，我认为是不容轻视的一件事！

三、对太极拳缠丝劲实质的看法
—— 与徐致一先生商榷

洪均生

我读了6月1日《体育报》所载徐致一先生写的"略谈太极拳的缠丝劲问题"一文，非常感兴趣。仅提出个人对缠丝劲实质的看法，作为学术性的讨论。

首先，我认为关于太极拳的缠丝劲问题，是否为陈式独特风格，或为各式所共有，不在于某人练习某式拳法之年份多少、有无拳论为据。而应首先认清缠法、螺旋、缠丝劲究竟是什么？它对生理方面是有利、有害？它对技术方面是否符合力学？能起什么作用？更应当研究它是否符合太极拳运动的原理，以为论断。如果符合以上条件，虽然旧式所无，亦应添上。如果违反以上条件，虽然旧式所有，也要减去。去其糟粕，取其精华，才是发掘文化遗产，而又加以推陈出新的科学态度。

我是学过吴式太极拳后，又学陈式拳的。由于练太极拳，医好了多年的神经衰弱、失眠遗精、消化不良等症，所以对此拳深感兴趣。遇到各式太极拳谱，都要买了阅读研究。一贯认为各家所传，虽然形式不同、风格各异，但都有共同的原理、规律。我们应当全面研究，采取众长，充实自己。近些年来，我还接触了一些形意、八卦和各种长拳的先进者，观摩他们的套路，研究他们的理论，或从实践中交流些经验，并进一步地体验了一下劳动生活，因而逐渐认识到不但各式太极拳有共同的基本规律，一切拳法也同样符合这一规律，这就是物理学中的力学规律。不明这个科学道理，不承认这个规律，不仅是不明拳论，而且也正是说明了对劳动生活没有体验。

"缠法""螺旋""缠丝劲"究竟是什么东西？按照我的肤浅体会，认为陈鑫所说"太极拳，缠法也"，应当解释为缠法是练太极拳的基本规律。而缠法的运动形式是螺旋推进的。通过螺旋运动形式的反复锻炼，才能练出缠丝劲来（也就是陈式拳所谓的掤劲）。因此，可以理解，缠法是总名，螺旋是运动形式，而缠丝劲是"由着熟而懂劲"，并且获得的"劲"。这种缠法是人类的本能，一个没有练过拳的人，站在那里，只要腰向右转，右腿必然向右外转，而成顺缠，左腿也自然同时向右里转，而成逆缠（腰向左转则腿的缠法与此相反）。如果用手去刷洗一个竖立着的盆子边沿，以右手从右下方开始向左时，必然手心渐渐向上转，转到左上斜角，就必然会转成手心向外，再从左上斜角回到右下方的起点，而成为一个整圈子。但起点的方向，如果是从左上方向右时，必然手心渐向下转，转到右下斜角，就必然会转成手心向上，再从右下斜角回到左上方的起点，而成为一个整圈子（用左手则恰恰与此相反）。这是不学而能的。太极拳的螺旋运动也是这个道理。不过是经陈鑫特别提出来，"一语道破"，为学者明确指出锻炼的关键。

螺旋运动和生理方面的关系，据我理解，它可以使每个关节、每个经络，甚至每个纤维束，都由于旋转绞拉而得到"一动无有不动"的作用。又由于人体的经络，分为手三阴三阳和足三阴三阳，各有其起止点及循环路线。而拳法中的螺旋运动也有顺有逆，顺着经络的旋转是泻法，逆着经络旋转的是补法，所以通过练拳的补泻，可以起到医疗保健的良好作用。至于从拳理、技术方面来讲，任何肢体、任何着式，必须通过螺旋的曲率半径变化，才能"有阴有阳""有开有合""有虚有实""有刚有柔"，而做到"阴不离阳，阳不离阴""开中有合，合中有开""虚中有实，实中有虚""刚柔相济"，以"沾粘连随，不丢不顶"取得"走化"和"引进落空，四两拨千斤"等妙用。我们仔细研究太极图的形状和意义，可以推测出它是浑圆的，不是平圆的。阴阳鱼的分界线做反"S"形，就表明了它的螺旋运动。这是古人所谓仰观于天，俯察于地，取法于大自然的公转、自转运动规律，武术试验者又把它运用到拳法中来，而名之曰"缠法"，它是完全符合现实的，也是完全符合科学的。

我对于"运劲如抽丝"的意义，认为抽和缠的动作当然不同。它这句话仅为了说明运动时的要求，主要在于圆匀而绵绵不断（但不单纯表示柔缓）。凡是见过缲丝的人，都会知道缠丝的轴和蚕茧转的多么圆、快而又非常均匀，当旋转飞快的时候丝并不断。只有任何一方发生障碍把丝扯直了，才会断头。武禹襄提出"运劲如抽丝"给学者初步指出运动的方法，是完全正确的。陈鑫晚于武禹襄，又提出"缠"字，而且提出"螺旋"来，进一步说明了运动时如何抽法和练出什么劲（缠丝劲）来，可以说对太极拳是又一重要贡献。我认为，提出"缠法—螺旋—缠丝劲"不但和"运劲如抽丝"不矛盾，反而更鲜明地说明这一问题。

我们再看长拳中所流传的精华着法——擒拿，也保持着"大缠丝"

"小缠丝"，足以证明它在各种拳法中的重要性和共同性了。

练太极拳盘架子，等于学文化者之认字，模仿课文来编造句子，字意讲的清楚，运用才能恰当。所以在盘架子时，就应当明确讲解、体会某一式中的动作，是掤、捋、挤、按……应当用什么方法锻炼，在什么情况下运用它，用时能起什么作用。古人曾说"练拳时无人若有人"，就是说明虽然为盘空架子，也应从中要求明白自己的着法，而且还要从想象中体会出所假设对手的着法。一切着法了然于心，再加以苦练，才可以称为"着熟"。着熟之后，能懂得自己的劲，同时也体会到对方的着法，然后通过推手，才能更进一步懂得双方的劲（方向和时间的变化配合）。总起来说，就是要求把理论与实践结合起来，既要练出缠丝劲，又要懂得怎样运用这种劲，方可称为"懂劲"。所以盘架子和推手原是一系列的用功程序，是不能孤立的。但徐文中说"抽丝动作的作用，主要是在于养成手上不妄动刚劲的习惯""它和用法上所说的劲，并不是同样的性质"，这样说来，不是学以致用，而是把学与用分割为两事。

徐老自谓"练了几十年的吴式太极拳，一直就没有练过带螺旋形的缠丝劲"。我认为任何式太极拳都有螺旋形的缠丝劲，徐老说的"旋腕转膀"即是螺旋形缠丝劲的实质，因为形式无论如何变化，太极拳总归是太极拳，不过是或由大圈而小圈，小圈而无圈。或由小圈而大圈，大圈而无圈，练法不同，而螺旋形的规律是一致的。我们看吴孟侠等所著的《九诀八十一式太极拳》谱，有"力在惊弹走螺旋"之句。又有一"乱环诀"，据说是牛连元得自杨班侯者，可证杨式原始练法，还保持着陈式的基本规律。如以各式太极拳的形式因时因人制宜而有所变化，就把它分别对立起来，说成是"不同类型的拳"，成为各一宗派，不但不符合事实，更有标榜门户之嫌了。

上海出版的《怎样练习简化太极拳》一书，在理论方面吸取了各式优点（也包括吴式理论），采取了陈鑫的理论，提出缠丝劲来丰富简化拳，也可以说是用原始的运动形式，使它古为今用。假使我们用科学试验分析研究，认为缠丝劲还不是违反太极拳原理的，而是太极拳的共同特点，为将来进一步提高打下基础，应该是件好事。只要学者具有科学常识（螺旋也是力学之一），决不会"无所适从"或"迷惑"了。

我由学吴式拳又改学陈式拳之初，连陈发科师也没特别提出螺旋缠丝劲来。但吴式拳的一切动作，腰裆手足全有旋转，所以改练陈式架子，并未因陈式之有螺旋、缠丝劲而感觉奇异和困难。后来读陈鑫所著拳谱，才知道这就是"缠法"，因此练了三十多年，一贯认为"吴之所有，即陈之所有"，不过步法变化却有区别而已。深盼徐老将个人所理解的"缠法、螺旋、缠丝劲"究竟是什么，认为它有哪些地方不合科学原理，而对健康、技术各方面究竟有哪些损害，为什么吴式拳在研究用法时，力戒用缠法（按吴式拳如果在盘架子时没有这种东西，则用时自然也不可能出现这种东西，为什么还要力戒呢？）去制胜对方（如果缠法不合力学，当然也不可能制胜对方），详细讲解一下，使我们明白。我的太极拳很浅很浅，看法更不一定正确，虚心向前辈和爱好者共同作学术性的研究，敬希徐老和太极拳爱好者多多赐教。

四、略谈太极拳的缠丝劲问题

罗基宏

1964年7月24日《体育研究第三期》读6月1日《体育报》徐致一先生的《略谈太极拳的缠丝劲问题》一文，谨提出几点商榷的意见，就正于徐先生和读者，不当之处，请予指正。

缠丝劲是不是各流派太极拳所共有的问题，文中的持论是否定的，并提出了相应的论据。这是关系到太极拳的基本理论问题之一。因此，各抒己见，把它弄个明白，在学术的研究上不无好处。缠丝劲不一定是太极拳各流派所共有，而是陈式太极拳所不可无，这是一种看法；缠丝劲不仅是陈式太极拳所特有，而且是各式太极拳所共有，这又是一种看法。这两种不的同看法牵涉到一个重要的理论问题，即事物的共性和个性以及两者间相互的关系问题。在没有谈到我自己是哪一种看法之前，试先研究一下。

"缠丝劲"的特点是什么？"劲"放在力学的概念中就必须有：作用点（力点）、方向和大小。缠丝劲的螺旋运动，它的具体形象一般的更要从方向的变化（相应的螺旋的曲率半径也随着变化）这一因素体现出来。它的特点是：方向的变化，既是质点的"平动"（又叫移动），而同时又是"转动"，两者互相结合，不可分离。质点在某段时间所通过的路程和位移是有区别的，这和徐先生《吴式太极拳》中每次出手应当把动作的过程看作是各个"点相接而成"的说法是同一回事情。而且这种运动可以是直线运动和曲线运动。太极拳以圆运动为其特点之一，这是一般所公认的，但在严格的意义上说，还得作更具体的分析。因为这种圆运动是在立体空间中进行的，上下、左右、前后、内外，不一而足，不是简单的平面圆圈运动或仅仅是质点沿着一定轨迹的封闭曲线运动，而是更为复杂的空间螺旋线运动。所以太极拳要求"曲中求直"：曲以运化，故无定向；直以发放，专注一方。但反过来是"直中求曲"，虽直来直往，"触之则旋转自如"。它们是太极拳柔运刚发、平动与转动互相结合、互相转化（矛盾统一）的精华所在。所谓"阴不离阳，阳不离阴，阴阳互为其根"是和这一特有的要求有不可分的关系的。在平常练架子时，正如教授吴式太极拳已经五十多年的杨禹廷在《太极拳动作解说》中谈到，例如搂膝拗步进掌的动作"它是符合太极拳动作作弧形，即呈螺旋形运动的原则"的。转腕旋膀（桡骨与桡腕关节向前内旋转）。"意念由虚到实的过程，是掌指连同前臂向前上方呈螺旋形逐渐旋转的过程。我认为这是如实地反映了"缠丝劲"在手法上的一种表现。客观存在与主观反映有时可能是不一致的，特别是处在初步的感性认识阶段。可以来一个比喻，医生在治疗上要分清病人的"自觉病状"与"他觉病症"，因为前者往往只是主观的自我感觉，而后者是客观存在。杨澄甫在《太极拳十要》中没有提到"缠丝劲"不等于他所传授予的架子中没有"缠丝劲"，是同一道理。武禹襄的"运劲如抽丝"故不论它是否即系指"缠丝劲"（纵使持相反的看法），也决不能因为武氏没有提"缠丝劲"三个字，而在武式架子中就没有这种劲，理由和上面一样。反之，更不能说陈鑫标出了"缠丝劲"，便为陈式所独有。只能说陈鑫如实地反映了这一特点，也不能不说这是他有益的贡献之一。得杨班侯再传的吴孟侠在他们编著的《太极拳九诀八十一式注解》的《乱环诀》中，对缠丝劲有精辟的阐明。除说了有形螺旋运动之外，还谈到只有圈之意尚无圈之形的无形圈，"就是在出手动作中，随时都在螺旋力量的范围之内，这种螺旋力量，要成为动作中的习惯力量，所以虽然用手直入直出，但是接触对方的某部，便显示直进是螺旋力在推动的。由于这种螺旋力的主导作用，就能随着对方的来手上下进退，并能在顺随之中，相机地发挥螺旋力以人手克敌"。尽管他们的《九诀》是否直接出自班侯本人或为他门人所总结，但这一阐明，道理是正确的。李亦畬《敷字诀解》中说"气未到而意已吞"，就是高度自动化了的这种螺旋的习惯力量的"预伏"，即在意不在形的潜伏阶段，运动心理学中称为"预备期"的。离开了"触之能旋转自如"的"吞"，不是太极拳所要求的。它与徐先生说的走化时"切记要走弧线"相近似的要求，只是弧线的含义不够全面而已。徐先生在他《吴式太极拳》中常常谈到的"弧线"，是离开了空间螺旋线的概念去孤立认识它，只作为上下动作连接成为圆运动的一个线段，无形中把圆运动理解成为一种封闭曲线。这方面如不掌握和细加分析其特点的话，容易使人造成错觉。此外，徐先生自己所创用的"旋腕转膀"这一术语，文中只解释为"主要是为了变换手的方向，以适应弧线的来回转变"，这样未免是把方法和作用混为一谈了，其实这正是螺旋运动在此情况下要发生的作用。"转腕旋膀"作为太极拳的特点之一，因为它正是缠丝劲在上肢形象化的表现，而且就它的属性来说，腕、膀的旋转，顺时钟方向运行为"顺缠丝"，反之，为"逆（倒）缠丝"，再由于所在空间运动的方位不同，而区分出各种不同的方位螺旋。缠丝劲是作为太极拳的共同特点而客观存在着，是共性，不是各流派的"个性"（共性寓于个性之中），尽管它们的表现有时明显（如在陈式中），而有时不太明显（如在武式等之中）。缺少了这一共同的特点，就不能完全形成太极拳这别具一格的民族武术体育运动。徐致一先生文末顺便谈到上海顾留馨编著《简化太极拳》（后改名为《怎样练习简化太极拳》），认为该书不应该引用"缠丝劲"，而且怕使读者迷惑，无所适从。我看这种顾虑是不必要的。拳简理不简（原《太极拳运动（一）》，即简化太极拳，不是同样附上不少古典拳论供读者去研讨吗？）。简化太极拳出自杨式，并不排除包括"缠丝劲"在内的共同理法，但这并不是说，就在他那本书中非阐发"缠丝劲"不可。后来同一编著者又有了《太极拳研究》的出版，里面有关"缠丝劲"的介绍，更为详细。因此，为了使前者更适合广大读者的实际需要，今后该书再版时，考虑将一部分为初学的人比较难领受的内容，加以必要的精简，从而使具体练习方法更突出些。这样做，显然是有好处的，为读者所欢迎的。

五、太极拳缠丝劲和抽丝劲的异同

赵任情

罗基宏、洪均生等同志写的关于太极拳的缠丝劲和抽丝劲问题的讨论文章，这是个重要问题，因此我也想在这里谈谈自己的看法。

什么叫缠丝劲？

"缠丝劲"这个名词，除了陈式太极拳对它特别强调外，其他各家太极拳在口头上不常讲，文字上也不常见。谈缠丝劲最早的，要算是陈沟陈氏十六世的陈鑫。在他所著那部《太极拳图说》（1933年出版）里，绘有太极拳缠丝精（劲之转音）图，图为一黑白相间、顺时针方向由内向外旋转的正图形，下有图说："吾读诸子太极拳图，而悟打太极拳须明缠丝精（劲），缠丝者运中气之法门也。不明此，即不明拳。"这是说，以缠丝来运中气。"中气"是什么呢？据陈氏传人的解释，中气是一种内气，也叫元气、正气、先天气等。据说，把这中气从丹田由内向外运转达于四梢（手、脚），叫顺缠丝，从四梢由外向内按原路复归丹田，叫逆缠丝。又说，缠丝劲同于抽丝劲，所以他们所著的太极拳书里，有的在"运劲如缠丝"的后边又加上"或者说运劲如抽丝"的话；有的在缠丝二字后面括弧内注上"抽丝"二字。同时说，抽丝是旋转着抽出来的。他们把缠丝劲有时也称作螺旋劲（力）。他们极力推崇，特别强调缠丝劲，说缠丝劲练法"极为高级""是太极拳练法特点的精华所在"。同时也极其感概地说："现代习者否认内气之存在，从而否认缠丝精（缠丝劲）的练法，这使陈王武李四家的拳论精要处晦而不明。"按照以上说法，这缠丝劲，俨然是太极拳至高无上的东西，不特别练它，即不高级，不明此，即不明拳。

什么叫抽丝劲？

旧太极拳书的理论文章中，有"迈步如猫行""运劲如抽丝"的话。运劲如抽丝的意思是说，太极拳运动要松、轻、柔、匀。不可忽快忽慢，忽大忽小；要逐渐地舒长或缩短，由梢到根或由根到梢使劲节节贯串，由此端达到彼端。抽丝是形容太极拳运动时内部神经的一种感觉，不是某一种动作的形象；因此，各家太极拳书（陈式除外）也不立"抽丝劲"这个名词，正如不把"迈步如猫行"称作"猫行步"一样。

缠丝劲和抽丝劲的异同

按照陈氏传人的说法，似乎或者肯定二者是一样的，或者是混合的，但我们如果仔细地分析一下，就可知其不尽然。先就字面来讲，缠丝者以条形的物向另一种物体上缠绕之谓也；抽丝者由丝束中缓缓向外提取之谓也。两个词义不同是显然的。王、武各家拳论，用"抽丝"而不用"缠丝"，是他们从锻炼中总结出来的一种感觉，如果他们的运劲也像陈氏传人所说的那样，非"旋转的抽丝"不可，他们早就会写出来"运劲如缠丝"的文章来了。所以我认为抽丝劲是绵绵不断、刚柔相济的弹性劲。这种劲是太极拳的总体。这和只以螺旋形状缠来缠去的劲，不能混为一谈。

陈氏传人也曾把缠丝劲叫作螺旋劲（力）。螺旋力是力学上诸力中的一种，但须注意，它并不是力的总体，而是利用螺旋形式来发挥力的作用。螺旋力有外缠（如抖空竹）、内钻（如拧螺丝钉）的区别；缠丝二字由词义判断，它是一种外缠，但总算是螺旋劲吧。我们知道：太极拳劲，包括着力学上各种不同的力，当然不会把螺旋劲（力）排斥在外。如果个人锻炼或二人推手，在适于用螺旋劲时，自然可以采用，这时，抽丝劲就表现为螺旋的运动形式。在这一点上说，缠丝劲和抽丝劲是可以结合的，但必须注意，二者绝不等同，缠丝劲只是抽丝劲的表现之一。

缠丝劲不应强加在各式太极拳上

太极拳各家有各家的独特风格和练法，也各有自家的理论。缠丝劲是陈氏自家作为练拳的总纲，它的练法和理论，可以处处缠丝，但不应把它强加在各式太极拳之上。各式（陈式除外）太极拳虽然承认在运动中也有螺旋这一形式，但它并不是劲的总体，地位也不在其他各劲之上，因而不认它是极其高级，作为运劲的最高指导纲领，处处都要缠丝。

顾留馨先生在他编著的几本太极拳书中，把缠丝劲和抽丝劲说成是一个东西，并在太极拳发展简史中，把陈沟陈氏九世陈王廷和明巡按御史陈王庭的历史捏在一起，这是不正确的。此外，缠丝劲尤其不应作为"简化太极拳"的运动准则。简化太极拳是在杨澄甫架式的基础上改编而成的，是太极拳的启蒙。它的运动方法就是按照杨氏锻炼方法"迈步如猫行，运劲如抽丝"的原则——轻灵沉稳，柔缓圆匀来锻炼的；这和陈式太极拳动则必缠，发则必抖，以及跳跃、震足等，无共同之处。杨式（包括吴式）太极拳，源虽出于陈式，但它是随着社会发展、人类进步的需要，有所发展、改进而创造的，所以发展面最广，参加锻炼的人数最多，尤其简化太极拳的普及面更大。硬把陈式拳独特风格的缠丝劲理论，来作简化太极拳的最高指导原则，这是张冠李戴，对群众性太极拳运动的开展是不利的。

六、对太极拳缠丝劲等问题的体会

李经梧

《体育报》刊载了关于太极拳缠丝劲问题的文章。拜读之后，我认为这确是开展太极拳运动的重要问题，有加以讨论的必要。我曾拜陈发科老先生为师，习练陈式太极拳十四年，对于这套拳路略有体会。在此之前，还曾从赵铁庵、杨禹廷二位老师学习吴式太极拳十余年。新中国成立后，于传教吴、陈式太极拳，同时，因工作需要，学习并教授国家体委规定的简化太极拳和八十八式。近来又学习了孙式太极拳。所以，对各式太极拳也做过一些比较和揣摩。我不谙太极拳理论，也不懂力学、生理学，但是，在长期实践中积累了若干经验，现仅就这些不成熟的经验，谈谈个人的粗浅体会。

太极拳诸劲中的抽丝劲、螺旋劲、缠丝劲是有区别的。

抽丝劲，还是以"运劲如抽丝"的提法为确切，这是太极拳运动原则要求之一。练拳时要做到"式断意不断"，匀、圆、稳、健绵绵不断，既练力更练意。杨、吴、孙各式太极拳，对此要求是严格的，形象是明显的。陈式太极拳对此要求也是严格的，这就是陈发科老师谆谆教导的"练拳要塌住劲"。所谓"抽丝劲"虽然不是用以制胜对方的"劲"，但是，太极拳的实际运用（推手、技击），要求锻炼"动急则急应，动缓则缓随"的功夫，对此"运劲如抽丝"的锻炼占有重要位置。作为体育运动，能够掌握太极拳的这一特点，对于身体的健康也是有很大好处的。

螺旋劲和缠丝劲是用以制胜对方的"劲"，当然也是平时锻炼的要求。无疑，对于健身也是甚为重要的。对于这两种不同的劲，我是这样体会的：呈螺旋运动发出的劲，只击打对方的一点，令对方失势或仆倒，都可称之为螺旋劲。这种劲存在于各式太极拳中，以吴式太极拳中的揽雀尾、搂膝拗步等为例，就都有明显的螺旋劲。缠丝劲则与此不同，首先，腰腹旋转的运动量大而方法多变。与腰转动的同时腹肌的左旋右转，大小不同的圈交替旋转，并与意结合，确是缠丝劲的特色。这就是陈鑫所谓的内劲或称中气。其次，这样由腰腹发动的劲，经脊背带动大前臂旋转，贯达手指，臂向里转小指扣劲是为里缠丝，臂向外转大拇指扣劲，是为外缠丝。缠丝劲就下肢来讲，每一个完成式要求大腿带动两膝往外转，做到所谓"归原"，即气沉丹田、圆裆和两腿虚实为三、七成，与上肢的缠丝动作相配合。完成上述的缠丝劲动作，运动量是大的。最后，缠丝劲与螺旋劲最明显的区别，还在应用。缠丝劲达于手指之后，并未结束，不以击中对方一点为目的，而是用带有缠丝劲之手、指，缠住对方的手、指、腕甚至肢体，使对方被缠之处，因我之缠绕成"拧麻花"状而失败。我认为，这就是陈鑫所谓的"太极拳缠法也"的真义，而这种以缠丝劲为动力的缠法，正是陈式太极拳所独有。

  缠丝劲是陈式太极拳的主要特色之一，只有陈式太极拳的套路才能表现这个特色，正像开合手只能表现孙式太极拳的特色是同一道理的。源于杨式太极拳的简化太极拳，是不可能表现缠丝劲的。这不是杨式太极拳或简化太极拳的缺点，而恰恰是它的特点。例如，杨式太极拳中把掤、捋、挤、按有机地组成连续动作，应该说是杨式太极拳的特色之一。各种套路架子是适应各种太极拳运动的具体内容的，这是在长期实践发展中形成的，是合乎运动的规律的。许多初学太极拳的学员和疗养员看过上海出版的《简化太极拳》后向我提出：为什么不教缠丝劲？我也曾把各式太极拳加以比较，试图把缠丝劲加在简化太极拳内，经过郑重的试验结果是失败了。看来，硬加是不行的，违背规律。若将缠丝劲加给简化太极拳，势必要改变简化太极拳的套路架子的。

  简化太极拳是在大跃进的形势下，为了满足广大群众的要求普及和推广的，为了利于增强广大群众的体质，从而利于社会主义事业，才产生了简化太极拳。果然，此拳一出，太极拳运动以从来未有的速度和规模蓬蓬勃勃地开展起来。忽略了简化太极拳的普及意义和群众性，就不可能正确地理解简化太极拳，对于开展太极拳运动是不利的。简化太极拳同样也是医疗保健体育的重要项目。事实证明，结合其他疗法，确实治好了许多慢性病。如果把此拳繁化，加上运动量大的缠丝劲，年老、体弱的人就不易学习，不好掌握，很可能失去作为医疗保健体育的作用。

综上所述，我认为抽丝、螺旋、缠丝这三个劲是有区别的。我认为简化太极拳硬加上缠丝劲是不可能的。

七、就太极拳缠丝、抽丝问题再作商讨

洪均生

自从《吴式太极拳》作者徐致一发表"略谈太极拳的缠丝劲问题"，引起研究太极拳学术者的重视、争鸣。我因徐老对缠丝劲未加科学分析批判，仅据个人锻炼吴式太极拳的经验，即肯定为某式特有，某式绝无，不仅据陈杨两式是否同一套路问题，也未作结论，而反对把缠丝劲加到简化太极拳中，引起迷惑。为了辨明缠丝劲的是非利害，因据个人多年锻炼、研究吴陈两式太极拳的肤浅体会，略抒己见，向徐老请教。原期通过争鸣，提高认识。今读赵任情同志所写《太极拳缠丝劲和抽丝劲的异同》一文，看来是拥护徐老理论的。但经过分析，感到其中存在着不同的矛盾——即除了双方争论的矛盾外，还有和徐老所持论点的矛盾及本文前后的自相矛盾。事关学术，不应缄默，谨就管见所及，提作全面对比，再向徐、赵二位商讨，并希爱好太极拳者赐于指正。

就太极拳缠丝、抽丝问题再作商讨

自从《吴式太极拳》作者徐致一发表"略谈太极拳的缠丝劲问题"，引起研究太极拳学术者的重视、争鸣。我因徐老对缠丝劲未加科学分析批判，仅据个人锻练吴式拳的经验，而肯定为陈式特有，其他绝无。又仅据陈楊两式是否同一套路问题，也未作结论，而反对把缠丝劲加到简化太极拳中，引起迷惑。为了辨明缠丝劲的是非利害，因据个人多年锻练、研究吴陈两式拳的肤浅体会，贡拙已见，向徐老请教。本期通过争鸣，提高认识。今读经任怀同志所写"太极拳缠丝劲和抽丝劲的异同"一文，看来是拥护徐老理论的。但经过分析，感到贝中存在着不同的矛盾－除了双方争论的矛盾外，还有和徐老所持论点的矛盾及本文前后的自相矛盾。为了美学术，不在缄默，谨就管见所及，提作全面对比，再向徐老二位商讨，并希爱好太极拳者赐予指正。

关于"什么叫缠丝劲"问题

我对缠丝劲的认识，已于前文概述。今再

图一

关于"什么叫缠丝劲"问题

我对缠丝劲的认识，已于前文概述，今再作比较具体的说明。缠法首经陈鑫在文字中提出，要求在陈式太极拳运动中，公转兼有自转——走螺旋形，练缠丝劲，总称之为缠法。它是既有本动的抽法，又有转动的缠法，既是每一肢体的运动规律，也是全体的运动规律，一动无有不动地成为一个完整体系。我们从实践中体会到它是既有利于生理，也有利于技术，是完全符合科学的。

从运动外形来讲，躯干左右旋转时，以顺着时针方向为顺缠（即从右向左转），相反则为逆缠（按照中医学说，肺居胸部右方，主气，气从右向左运行，故太极拳法，据此而别顺逆。顺缠劲由内发之于外，逆缠则由外收之于内）。躯干内气的前后运转，则以任督二脉的循环路线别其顺逆。至于肢体方面，因有左右之分，顺逆的标准，又以不同方向的肢体为别——即不拘左右手，应以大拇指向内旋转为逆缠，大拇指向外转为顺缠。

从内部气血的影响来讲，通过公转运动中一顺一逆的自转，不但各个关节得到运动，全部身躯的肌肉、筋络、经络系统也都得到运动。顺着经络循环路线的旋转，可起疏通作用，等于泻法。逆着的可起解毒作用，等于补法（和针灸学的补泻迎随同理）。这样一紧一松，循环绞拉，由内而外，复由外而内地旋转，使形体和神经，脏腑和气血，互相摩荡，补泻兼施，促进新陈代谢的机能，而获得保健、医疗的效果。

关于技术方面，古典拳论所谓"曲中求直"就是缠丝，"折叠转换"也须走螺旋。不通过这种运动形式，不可能做到"引进落空""四两拨千斤""即引即进"和"收即是放"的作用，也不可能以实践证明"阴不离阳，阳不离阴"达到"刚柔相济"的理论。推手时以全身的螺旋运动，根据杠杆原理，灵活配合着法，经常保持自方重心的随遇平衡，同时又牵动对方的重心，才能"以静制动"（动中的静，就是重心不变）、"用意不用力"（用理想的技击方法，而不用拙力），而制胜对方。

赵文对这一问题，只简录陈鑫原著有关缠法数语，照画两图。又根据所谓陈式传人的说法，作为解释，似乎并未按照唯物辩证方法，作深入的调查、分析、研究。从感性认识到理性认识，要有一个反复实践的过程。如果只凭听人讲说，表面观察，甚至仅凭主观的想象，由于不习惯，不喜爱这一名词，遂无视现实，不经科学实验，同徐老一样，未指出缠丝劲究竟是科学的，还是唯心的，对生理和技术是有利的，还是有害的，就因为"他们说，缠丝劲的练法极为高级"，而讽刺为"照以上的说法，这缠丝劲俨然是至高无上的东西……"，这样主观判断，似乎连感性认识，还有不少距离。这是研究学术中思想方法上的问题。

关于"什么叫抽丝劲"问题

我在前文曾谈过关于抽丝的认识，主要在圆而不在缓。赵文说："……要松、轻、柔、匀，不可忽快忽慢……"这个说法是和徐老统一的。但既说抽丝是形容太极拳运动时的内部神经的一种感觉，不是某一种动作的形象。因此，各家太极拳书（陈式除外）也不立"抽丝劲"这个名词，正如不把"迈步如猫行"称作"猫行步"一样（按这个说法，确有充分理由）。但何以又说抽丝者由丝束中（按：似乎必须从整束的丝中抽，才叫抽丝，从茧上抽，就不叫抽丝。可能由于作者未见过缫丝之故，所以这一句，也是主观想象而来）缓缓向外提取之谓也（观"缓缓提取"四字，确可证明是直着抽的，但不知这是"动作的形象"，还是"运动时的内部神经的一种感觉？"）。在大小标题和文字中也都称为"抽丝劲"？把内部神经的感觉称之为劲，是否合乎逻辑？按照所讲"不可忽快忽慢"的说法，则拳论"急动则急应，缓动则缓随"的理论，是否也应重加讨论？"发劲如放箭"的弓，是否也应以"松、轻、柔、匀"四字来限制它？这支箭如何放出去？

关于"缠丝劲和抽丝劲的异同"问题

抽的含义是有一定方向和一定限度的平行运动。缠的含义是有定向又无定向和限度的旋转运动。即以实际生活中的动作为例：抽丝不需要缠，而缠丝则自然兼抽。可见抽、缠二字从含义和实际动作上讲，缠可以包括抽，而抽绝不包括缠，它的主要、次要性已可概见。再看我们吃饭时用筷子的动作，如只作平动的抽法，而不用转动的缠法，则饭粒绝到不了口里来。这又是作用上主次的证明。又圆圈停留在空间时，可单独旋转，如在空间移动，它的轨迹自然就形成螺旋。因此，又可以确定抽和缠在螺旋运行时是矛盾而又统一的。太极拳以阴阳对待的哲学原理为据，要求公转中兼有自转，尽管二者互相关联推动，但螺旋的自转运动量大——行气如九曲珠，无微不至，技术性强——随触成圆，无坚不摧，自然形成缠法为主。它的作用大体可分：轮边的滚动摩擦，轮里的旋绞，钻头的螺旋推进和崩炸的辐射。绝非赵文所谓"只有外缠的绕线形式"。关于擒拿法的运用和破解，更非缠法不办。我在前文曾谈到各种拳法和生活、劳动（劳动创造一切，拳法当然不能例外）都含有这种运动形式（如果有人认为拳法和生活、劳动无关，那只是由于每个人的生活、劳动的习惯不同，而看法亦因之有所不同，也是必然的现象）。陈鑫发现太极拳是完善地掌握这种自然规律的，因此称作缠丝劲，标出此拳的主要特征。它是时时、处处皆有，经常而又全面地、绵绵不断地运行着，不仅适宜于某式、某时的需要。它不但是陈式拳的主要特征，而且要求通过它练出内劲以运用全部着法。

赵文在研究两劲异同中，仅就抽、缠的字面作了解释，似乎仍是主观的片面看法。而且违反了自己的理论，称抽丝为"劲"，又称之为"太极劲"，并肯定它为"各式太极拳劲的总体"（文中于各式太极拳后，例注陈式除外，独此处未注，是否认为抽丝劲是"至高无上"而强加于陈式，使承认为"总体"？）。这样说法，固然符合徐老的主张，但太极拳劲如仅以抽丝为总体，按照徐老的说法抽丝只是直着抽的，抽不出螺旋形来的。那么，在这种运动形式中，怎样练出"刚柔相济的弹性劲"来？在生理和技术方面，仅凭抽来抽去的"内部神经的一种感觉"，究竟起到什么作用？它比"缠来缠去"的科学价值重要到什么程度？

由于在客观现实存在的条件下，赵文也承认，螺旋属于力学之一，不把它排斥在外，也承认如果个人锻炼或二人推手，在适于用螺旋劲时，可以采用。并说"这时抽丝劲就表现为螺旋的运动形式。在这一点上说，缠丝劲和抽丝劲是可以结合的"。但紧接着又说"但必须注意，二者绝不是等同的，缠丝劲只是抽丝劲的表现之一"。不拘是两劲结合也好，二者不等同也好，总算螺旋形的缠丝劲已被承认为科学的，而不被排斥在外了，并且还被采用了。但是赵文说拥护徐老理论，却这样说法，岂不又和徐老"我练了几十年吴式拳，一直没练过此螺旋形的缠法""杨澄甫太极拳十要中连抽丝劲也没提到""应用时也力戒用缠法制胜对方"的说法大大矛盾了？所谓"适于用螺旋劲时……可以采用"是否在抽丝不能解决问题的时候，才采用螺旋形的缠丝劲呢？总体的抽丝劲在某时必须采用螺旋形的缠丝劲，才起作用，那么，哪种劲是主要的呢？钻探机是"抽来抽去"，还是螺旋推进而起作用呢？

关于"缠丝劲不应强加在各式太极拳上"问题

按照我学习陈、吴两式和简化太极拳的体验，根据各式拳法中客观存在的事实，一贯认为任何运动都有这种旋转（即抽缠结合的螺旋运动）。又由于习惯了陈式拳的术语，对这种运动形式，一般都看作是"缠丝"，所以从来未曾感到这一问题有何奇异。读徐文后，才知有特性、共性之争。既有矛盾，自应辨明是非。但不同意争论何式特有、绝无，更不同意"强加"于人，必使共有。为了解决学术研究的矛盾，我认为只要以科学论据、现实证明，鉴定它的是非利害就够了。缠丝劲说被承认是科学的，认为陈式独有，未尝不好。如有人不理解它，或者不习惯、不喜爱这一名词，只承认为抽丝、旋转，谁也无权强行加上。倘若辨明它是不科学的、有害的，当然，谁也不该保留。如只斤斤于某式、某人之有无，以为争论焦点，未免接近门户宗派主义，是达不到互相提高、统一认识的。

赵文不但承认螺旋为科学的，可以采用，使缠丝、抽丝结合，又进一步说"各式太极拳（虽然）承认在运动中也有螺旋这一形式……"尽管在文字中加上"虽然"字样，又说"但它并不是劲的总体。地位也不在其他各劲（由于拳有门户宗派之别，连劲也有了不同的地位）之上"。但螺旋形的缠丝劲既被肯定为属于科学的，当然起码是"适当"有利的了。赵同志自己所承认为科学的东西，又为各式太极承认也有的东西，却又以"缠丝劲不应强加在各式太极拳上"为标题，是否原文所说"采用"和"各式太极拳……也有"，也由于强加而来？文中最后强调"尤其不应作简化太极拳的准则""对群众性太极拳运动的开展是不利的"的理由，仅以"简化太极拳是在杨澄甫架式的基础上改编而成的"为据，是否杨式太极拳为原文所谓"各式"之外的另一套路，不在"也承认有……"之列呢？"个人锻炼，二人推手可以采用，各式也承认有"的东西，群众采用反而不利，这确是极端矛盾，更令人迷惑无所适从。

如果主要矛盾在于简化太极拳"是太极拳的启蒙"，《怎样练习简化太极拳》一书来局限于某式，而重点地吸取了各式理论（其中也包括吴式），要求稍涉复杂高深，给启蒙老师和初学者带来困难，因而"不利于群众性太极拳运动的开展"，这可能是现实问题。那么，这个矛盾的主要方面，应当是属于教学方法和教材的。尽可建议采用徐老所主张的"为了迁就初学，先从平出平入教起"的办法（见徐著《吴式太极拳》57页）来解决矛盾。但是，我们还要认清应当从普及中打下提高的基础，而不应降低学术质量，作庸俗的普及。也就正是徐老所说"学会以后，还得添上"的主张。简化太极拳是解放后劳动人民推陈出新的创造，"拳简理不简"，绝不等于反动社会里的什么"太极操"，可以任意排除拳法的特征。当然，如果有人以代数、几何，甚至微积分来作初小算术教材，我们也不会同意。但同时也不允许因为小学生和启蒙教师不懂，而反对这些高深的数学。

赵文从反对把自己所承认为科学的缠丝劲加到简化太极拳中，又推断"把陈沟陈氏九世陈王廷和明巡按御史陈王庭的历史捏在一起，是不正确的"。这和缠丝劲无关，我从未研究武术史，对此并不感兴趣。不过看到顾留馨同志所写"太极拳的来龙去脉说明"，曾据大量史料考证，与陈氏家谱有出入之处，应采取旁证，以考据家治学方式之一。赵同志既肯定判断为"是不正确的"，当有确切的根据。我们欢迎您将陈王廷与陈王庭确非一人的文物证据，及其年代、籍贯、历史不同之点，详为举证，才符合学术研究态度。

拳各有其风格优点也各有其适当作用。这是客观存在的事实。松经东弓同志行架(?)某些人年而因素相好快慢相间发劲跳跃也未尝不适宜于另些人。我建议今后应当根据不同的年令、身体条件选择编著适当教材（如初级中级老拳等主就是好例）。开研究教学方式培养师资提高政治水平和技术水平使这一宝贵文化遗产，可教可学可会可精有利于鲁仅，也有利于全境。继承和发扬祖地发挥古为今用百花齐放的精神，不但为老人强身健康服务同时也为工农兵的劳动生产和国防建设服务。防治病保健锻练好身体，要求提高运动量，要求吸取前辈经验又是极自然的发展规律。这个义务应当大家共同负担起来，特别是老前辈们更有责任把无谓的风气打净，一切为人民利益为学术上取精弃粗，推陈出新的广阔途径。

(吴鸠生。济南共柴巷104号)

图二

结论

我既从实践中体验出缠丝和抽丝是太极拳运动中不能孤立的，也就是名异实同的。科学的东西，在习惯上，或称之为旋转（徐著《吴式太极拳》20—57页，傅著《杨式太极拳》16—17页），或称为抽丝（武禹襄"打手要言"，杨澄浦"太极拳十要"九条引述），郝为真称为麻花劲；陈鑫则称之为缠丝劲，正如我们吃的水饺子，某处叫作扁食，济南叫作煮包子，北京或叫煮饽饽（满族王语），胶东还有馉饳之称。不习惯者乍听这些名词，必然惊奇，其实摆出来看一看，尝一尝，原来还是水饺子，结果必为之哈哈一笑而罢。

我们研究任何学术，都应遵照毛主席提出的"一分为二"的规律来进行调查分析。各式太极拳各有其风格优点，也各有其适当作用，这是客观存在的事实。松、轻、柔、匀固适宜于某些人，而刚柔相济、快慢相间、发劲、跳跃也未尝不适宜于另些人。我建议：今后应当根据不同的年龄、身体条件，选择、编著适当教材（如初级、中级长拳等书，就是好例子），并研究教学方式，培养师资，提高政治水平和技术水平，使这一宝贵文化遗产，易教易学，易会易精，有利于普及，也有利于提高，继承而又发扬地发挥古为今用、百花齐放的精神。不但为老人、病员的健康服务，同时也为工农兵的劳动生产和国防建设服务。而疗病保健者锻炼好身体后，要求提高运动量，要求吸取前辈经验，又是极自然的发展规律，这个义务应当大家共同负担起来，特别是老前辈们更有责任，把无谓的风气去净，转向为人民利益，为学术上取精去粗、推陈出新的广阔途径。

附录二　评《陈式太极拳》八个特点

洪均生

前　言

图一

第一特点　大腦支配下的意气运动

拳譜规定：

(1) "以心行气，务令沉着，乃能收斂入骨"；
(2) "以气运身，务令顺遂，乃能便利从心"；
(3) "心为令，气为旗"，"气以直养而无害"；
(4) "全身意在神，不在气，在气则滯"。

从上列四项规定可以看出，太极拳是用意練意的拳，也是行气練气的拳。但練拳时　要"以心行气"；心为发令者，气为奉令而行的"傳旗"；一举一动均要用意不用力，先意动而后形动，这样才能做到"意到气到"，气到劲到，动作才能沉着，久練之后气才能收斂入骨，达到"行气"最深入的功夫。因此，可以說太极拳是一种意气运动。"以心行气"、"以气运身"和用意不用拙力，是太极拳的第一个特点。

一、内气和用意

正如上述，气受意的指挥，而这气幷非一般所說的那种肺呼吸的空气，而是一种"内气"。这种气在祖国医学理論中叫作"元气"、"正气"、經絡中通行的气、"先天气"等，認为是从母胎中秉承下来的；在針灸和气功疗法中，至今尙沿用此說。武术家們則把这种气叫做"中气"、"内气"、"内劲"等，認为練到育了此气出现幷掌握此气，功夫才算"到家"，等等。

图二

陈式太极拳是太极传统套路中较古老的运动形式。陈鑫说它"理精法密",又提出:"太极拳,缠法也……不明此,即不明拳。"可见缠法是陈式太极拳的主要规律。我们继承、发展这一宝贵文化遗产,不论是学、练、传授或写有关文字,都应以阐明缠法为主。因为缠法分顺逆,在哲理方面,符合矛盾对立统一法则;在生理方面,能使全身各个肢体和内脏得到一动无不动的效果,从而促进新陈代谢的功能,似保健医疗。在技击方面,也综合运用了力学的各种规律,更重要的是"重心随遇平衡"和"螺旋力"。

　　《陈式太极拳》在党的百花齐放方针指引下重新出版了,我们爱好这一传统套路的广大群众,莫不为之欢欣鼓舞,因而书一经发行,便抢购一空,这是个好现象。人民体育出版社编辑部在重印说明中提出:"书中不妥之处,希读者提出意见。"这也是对艺术负责的态度。我们应当表示欢迎、高兴,并且以"知无不言,言无不尽"的实际行动来做答谢,而对这一艺术共同负责。

　　实事求是地说,书中是有"不妥之处",而且是原则的错误。"不妥"之处主要在于,不但对陈式的主要规律——缠法未弄清楚,而且文中前后自相矛盾。无怪乎有不少习陈式拳者说:"越看越糊涂。"这一套路已受到国际友人的重视,我们应当让它为全世界人类的健康事业做出较大的贡献。如错而不纠,岂不贻笑大方。

　　我和著者沈家祯先生只会过一面(1930年我从刘慕三先生学吴式拳,从陈发科师学陈式拳后,在刘家遇见他一次,字维周，即《陈式太极拳》著作者），1957年在《新体育》看到顾留馨同志写的"出国教拳记"，才知道他也会陈式太极拳。1964年购读《陈式太极拳》开始通信，交换对书中的意见。同年9月于全国武术运动会上在济南相会。从接触中，我承认顾同志是位无官僚架子而密切联系群众的好党员。因此，直到1965年冬，我们从面谈和通信中研究了关于该书的许多问题。他表示，再版时，照你说的改。我认为，当写作该书时，未走群众路线，才出现错误，改也应走群众路线。召集对陈式有经验心得的同学们共同讨论，并作科学试验，然后去伪存真，不可盲从我一个人的意见。

这次再版"对原书的内容未作改动"，不随便改动，也是对的。但有错必纠，更为必要。改正是为了前进，为了对党、对人民、对艺术负责，因此，我写出"评陈式太极拳八个特点"，供识者教正。

一、评《陈式太极拳》第三特点——缠法

一切事物中，无不存在矛盾，而多种矛盾又各有主要的方面，这就是"特点"。"特"字有唯一的意义，所以"特点"只能有一，不能有二，何况于"八"？陈鑫著作指出：太极拳，缠法也。其法有进缠、退缠，左右缠，上下缠，里外缠，大小缠，顺逆缠。并严肃地说："不明此，即不明拳。"由此可证，陈式的主要规律全在缠法。我对缠法的体会是：从螺旋运动形式练出缠丝劲来，运用这种劲贯穿于十三式中便为缠法。

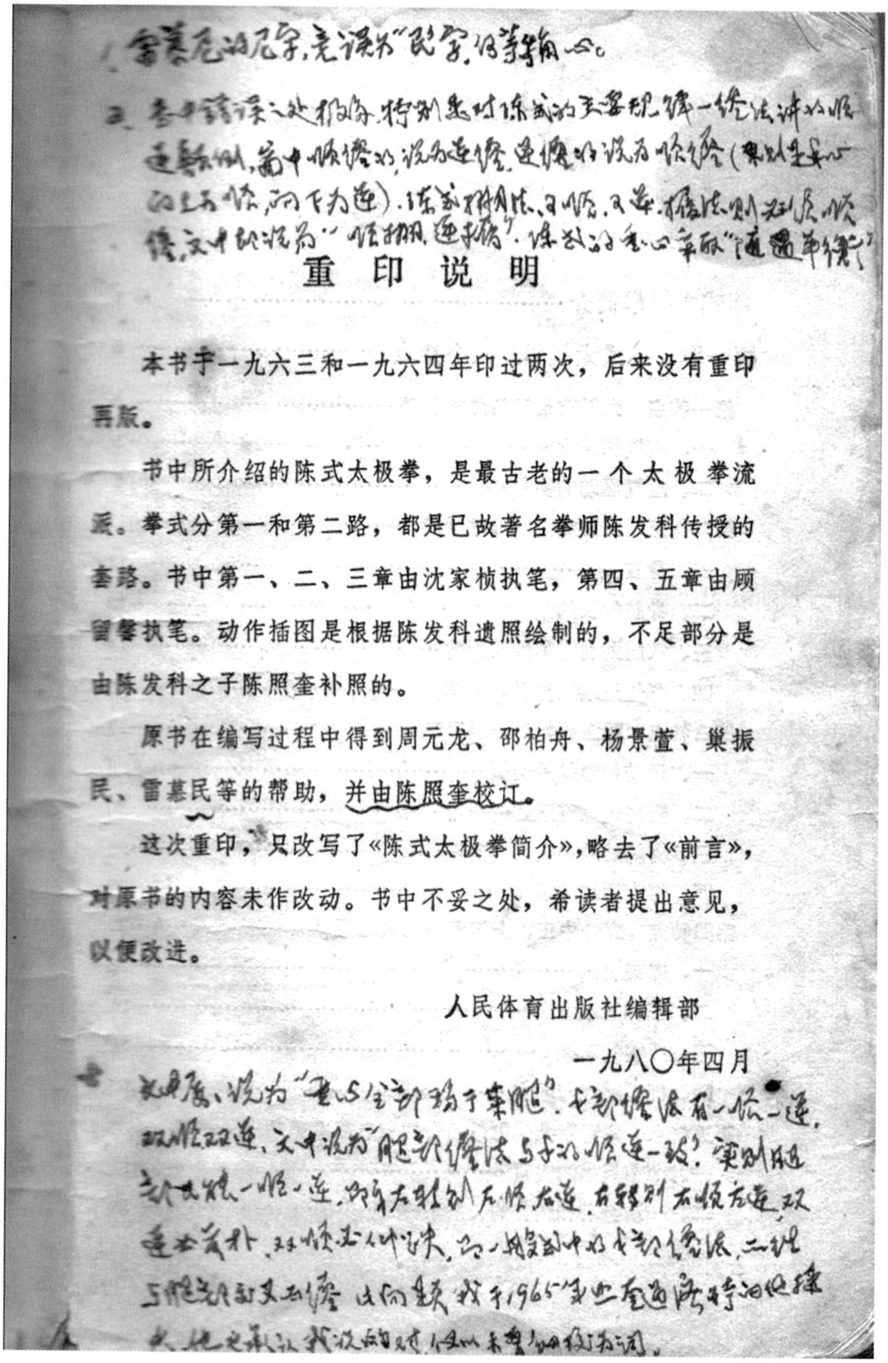

1. 雷慕尼的尼字，竟误为"民"字，[illegible]。

2. 书中错误之处很多，特别是对陈式的主要规律——缠法讲的顺逆颠倒，篇中顺缠的说为逆缠，逆缠的说为顺缠（其[illegible]手心向上为顺，向下为逆）。陈式[illegible]、又顺、又逆。[illegible]则[illegible]顺缠，文中就说为"顺[illegible]逆[illegible]"。陈式的[illegible]取"随遇平衡"

重 印 说 明

本书于一九六三和一九六四年印过两次，后来没有重印再版。

书中所介绍的陈式太极拳，是最古老的一个太极拳流派。拳式分第一和第二路，都是已故著名拳师陈发科传授的套路。书中第一、二、三章由沈家桢执笔，第四、五章由顾留馨执笔。动作插图是根据陈发科遗照绘制的，不足部分是由陈发科之子陈照奎补照的。

原书在编写过程中得到周元龙、邵柏舟、杨景萱、巢振民、雷慕民等的帮助，并由陈照奎校订。

这次重印，只改写了《陈式太极拳简介》，略去了《前言》，对原书的内容未作改动。书中不妥之处，希读者提出意见，以便改进。

人民体育出版社编辑部

一九八〇年四月

[illegible]、说为"重心全部移于某腿"。下部缠法有一顺一逆，双顺双逆，文中说为"腿部缠法与手的顺逆一致"。实则腿部[illegible]一顺一逆，[illegible]左转则左顺右逆，右转则右顺左逆，双逆者前扑，双顺者[illegible]，[illegible]中的下部缠法，二[illegible]与腿部[illegible]，此问题我于1965年[illegible]，[illegible]未[illegible]。

图三

顺逆互为其根的变化，是缠法的主要方面。陈鑫将它平列为六，未分主次。此书区分为：基本缠丝——顺缠、逆缠，将左右、上下、里外、大小、进退说为方位缠丝，是进步的。但将"顺逆缠丝的螺旋运动"列入"特点之三"，岂非"不明此，即不明拳"？

缠法的顺逆应是以经络学说中的三阴三阳的起止点及经过轨道为依据的（但陈鑫著作中未曾说明），《陈式太极拳》说为："顺着时钟针旋转方向的为顺，反之为逆。"但这种说法只可用以区别躯干之顺逆，而无法施之于手足。因手足是左右各一，不能合二为一。本书18页"运劲如缠丝"标题下介绍为："动作时掌心由内往外翻或由外往内翻"，并以小注加以说明："所谓由内往外翻或由外往内翻，皆以食指的翻转为标准。如图1中，手从点1到点2，此时食指的运动系由内往外翻，故为顺缠，手从点2到点3，食指的运动则为由外往内翻，故为逆缠。"无论掌心还是食指只要"翻转"得不错，则所说的便对。但19页"顺逆缠丝示意图"中，1—2手形的掌心和食指向外向内翻转，可以表示顺逆，而3—6的手指只向内外拨动，而忘了本文所说的"翻转"的"翻"字，岂不自相矛盾？

陈式腿部的缠法是随腰部左右旋转而互变顺逆。即腰向左转，则左腿顺缠而右腿逆缠；腰向右转，则右腿顺缠而左腿逆缠。顺缠的膝部则随势上提，逆缠的膝部却随势下垂。而且双手的配合有一顺一逆，兼有双顺双逆。腿部的配合却只能一顺一逆，不能双顺双逆，因双顺必仰跌，双逆必前仆。本书在拳式的说明中，只讲到手部的顺逆（虽然说的也有矛盾），从未讲到腿部的缠法，仅在104页肘底捶的说明中介绍为："是因为腿与臂的缠丝，都是上下一致的。"试看83图解动作："身体继续再左转，同时，两手左逆、右顺微缠至于肩平……"按陈式规律身体左转则左腿必顺缠，而右腿必逆缠。此文却说为："两手左逆右顺缠。"是否手腿的缠法"上下一致"？再看83图的双手掌心都是向下的，应属双逆，文中说为两手左逆右顺缠。这和前文所说"食指向上翻转为顺"又自相矛盾。而且括弧里又加上一句："除提腿独立和解脱擒拿外，都是上下一致的（104页）。"那么当提腿、解脱擒拿时，手部如走双逆、双顺，腿部应如何配合？陈式身、步、手变化万端，每一动作都有解脱擒拿而随即擒拿对方的着法，腿部的缠法，又应如何配合？又83页解释白鹤亮翅（82页29、30图）为："两手由双顺缠而合，由双逆缠而开。"腿部是否也上下一致地成为双顺变双逆？前文（22、23页）举例：白鹤晾翅（晾与拳式的亮不一致）又何以说是："它的方位缠丝是左右，上下和里外。因为一顺一逆，在左手是向里、向下的逆缠丝，在右手是向外、向上的顺缠丝，两者合起来，在两膊相系的要求下，成为右上、左下的一个'右顺左逆分掤圈'。"（这是杨式的姿势和解说，陈式则系右采左按法）。为何与后面所说"双顺转双逆"自相矛盾？岂非又是"不明此，即不明拳"之证？

"毋使有断续处，凹凸处，缺陷处"（24、25页），原是武禹襄《十三势行功心解》提出的，是对学太极拳者指出了应该注意之三点，但"毋使凹凸"有些不太恰当（这一点尚待探讨）。因为各式太极拳的动作，一致要求走弧线，或说划圈，既是弧线和圆圈，哪能没有正弧或反弧之处？"一举一动，周身俱要轻灵，尤须贯串"（24页）这两句话也出之武氏。但我认为，要做到"轻灵"而又"贯串"，只有掌握陈式的螺旋缠丝运动才能表达出来，也必须将螺旋缠丝运劲练好，便自然不会出现"断续"和"凹凸"。本书说"运劲如缠丝只有在轻灵贯串条件下才能实现……""缠丝劲的运用不可产生缺陷、凹凸和断续等三个缺点……"（27页）这是"本末倒置"。

著者为让学者易于了解，创出"螺旋抽丝"（17页。按：陈式只讲缠丝，并无抽丝之说）。"缠丝缺陷""抽丝凹凸""缠丝不可有断续"等示意图（25、26页）确是煞费苦心的，遗憾的是"不明拳"的主要规律，这些创作，还是使读者看不明白。尤其是在图7（26页）加上"快、慢"标识，并说此段不可有断续。那么，是否非"此段"的"转关折迭段"便可以"有断续"呢？

至于所说"神宜鼓荡，气宜内敛"（24页），为什么将原论的"气宜鼓荡，神宜内敛"反过来？这和陈鑫所说"秀如处女"的神是否相合？说"云手（此书是运手）这一式在十三势内是唯一包含双顺转双逆左右大缠丝的拳式"（22页）。陈式云手原是一顺一逆交互的自转，同走正圈公转的动作。

说螺旋为"立体的螺旋上升"而忽略对立统一的螺旋下降，并说"这种螺旋式的运动是独特的中国式的运动方式，为世界所罕有的"（20页。我不懂其他运动形式，但打乒乓球不是也有弧圈吗）。以上种种，不但一般习陈式者难以看懂，连我这个学了陈式五十年的老学生，也莫名其妙。

由于缠丝劲是陈式太极拳的要点，所以先从此书第三特点评起。"身肢放长的弹性运动""立身中正、上下相随的虚实运动""腰脊带头、内外相合的节节贯穿运动""相连不断、滔滔不绝的一气呵成运动""从柔到刚、从刚到柔的刚柔相济运动"等六项都与螺旋缠丝是分不开的，因此先综合加以评论，最后再评"从慢到快、从快到慢的快慢相间运动"和"大脑支配下的意气运动"。

二、评身肢放长的弹性运动

陈式的螺旋运动是使全身各个肢节，甚至肌肉束、细胞都得到放松加长，从而筋舒、血和。不是直线的、单纯的"对拉拔长"，因直线对拉的长度，总赶不上由螺旋运动而逐渐形成的长度更长。所以在"虚领顶劲，气沉丹田，尾闾中正"的上下端稳定下，最重要的是"腰部的左右旋转"，如同拧手巾把子似的，使每条线都获得运动。陈式的发劲主要是利用螺旋力，而非只凭弹性（因弹簧只能收放，而无旋转）。

"身肢放长的弹性运动"（11页），这段文字与陈式相反之处，莫过于所谓"八门劲别"（14页）。"八门劲"这个名词，可能来源于陈炎林所说的"八门、五步"。本文说，"实质上只是一个掤劲"（14页），这却符合陈发科师的说法。在口语上称为掤劲，或叫内劲，在文字上就是缠丝劲。在手部的着法为掤、捋、挤、按、採、挒、肘、靠。它是运用掤劲的八个手法。手法的区别，不能说为"八门劲别"，因为劲只一种，法则有八。

陈式以缠丝劲——内劲，掤劲为主，贯串于周身的各个着法之中。在手的八法中，掤法是接触对方的第一着法。它的运动方向是多方面的，可以用顺缠掤开，亦可以用顺缠掤合，同样可以用逆缠掤开或掤合；可以双手掤，也可以单手掤，掤法因敌变化，约数十种之多，绝非本书所说"在全动之下掌心由内向外缠丝，称为掤劲（14页）"。

　　陈式的将、採、挒法都是向自己身体的左或右方引进的着法。一般说来，双手将挒手走双顺缠，採法则后手逆而前手顺。从外形看来，将走中圈，挒走小圈，採走大圈。将挒的前手均下塌外碾，后手贴腰向里缠；但将法前手高齐下颏而后手齐胸；挒的后手齐胸，前手齐脐，或心口下方；採法则前手齐下颏，后手齐眼。从内劲来讲，採法走十分之七的合力（与对方来劲的方向一致），变为十分之三的分力；将法的分力、合力各走一半；挒则只走一分合力，立变分力。所以採、将可使对方向我身的左或右方倾跌，挒则向我身的前方倒退（挒法置对方臂部的反关节，不可轻试）。将、挒、採也可用单手进行，与另一手法配合。除单手採仍逆缠，单手的将挒必用顺缠。绝非本文所说"在全动之下掌心由外向内缠丝，称为将劲"（14页）。

　　陈式的挤法主要在于以手背向对方发劲。顺缠、逆缠可以互用。方向可以向上下、左右斜着变化，既可以双手挤，也可以单手挤。绝非本书所说"双手同时将掤劲交叉向外掤出，称为挤劲"（14页）。

　　陈式按法主要在于用手心向着对方发劲。顺缠、逆缠、双手、单手均有按法，方向也是上下、左右、前后因敌而变化的。绝非本文所说"掌心向下圈沾着一点而不离开的下掤劲，称为按劲"（15页）。

　　本书所说："双手交叉向左右、前后双分的掤劲，称为採劲。""将掤劲卷蓄起来，在短距离内猛然一抖而弹出的劲，称为挒劲"（15页）。均与陈式规律不合，已见前文挒、採二法说明，兹不复赘。

　　陈式肘法分顺拦、拗拦及向后发（如陈式二路裹身鞭，掩手肱捶高探马的左肘）、连环发肘（如二路手肘式），其顺缠发劲者为拗拦肘，逆缠发劲者为顺拦肘。但二路第一个拗拦肘也可以用肘部逆缠发劲。这是因为对方用左手拿我右腕，来劲偏下，我用左手合于对方拿我的手上，而以右手加大引进的逆缠，以肘关节发劲。第二拗拦肘因对方用左手拿我左手，故以左手解脱反拿后，用右肘顺缠发劲。

陈式的靠法分肩、背、臀、胯数种。肩靠又分四种，以着力点在肩部的前方、外后侧、里侧、肩上部（只有七寸靠用之）为区别，臀靠可下坐（穿地龙）、上挑（闪通背）、胯靠分衬（或名为插，是腿部插进对方裆中，但插字不如衬字更为形象，因插或落空，衬必紧贴对方膝胯里侧）。此书说，手腕或者肘出了方圆圈，用第二防线的肘、第三道的身躯发劲（15页）。说得倒是不错，但未详细说清楚。我们并应知道陈式的胯靠用途最广，任何手法都须以步法进退中的胯靠先牵动对方的重心，然后才能以四两拨千斤的采、捋、挒或挤、按、肘、靠的掤劲发出对方。所以陈式口诀有："手到腿不到，发人不巧妙。"

至于此文为了讲解"身肢放长"为主，说"虚领顶劲，气沉丹田"是为了身肢放长倒还可以，但说"含胸拔背"是以"……使胸成为脊背拔长的支柱……"（12页）却不合生理。试想，脊背原是从头顶直通尾骨的支柱，胸腔下面是虚的，它完全依附于脊骨的支柱，怎能变为以"胸作支柱"呢？讲"手臂放长"，肩部应以"松"为主。陈鑫说："两臂如挂肩上。"恰当地讲明这个"松"字。将生在上面的"肩"加一"沉"字（12页），已欠明确，何况下文又说"将臂部与肩部因下塌而接牢，臂与肩接牢，才能使臂生根"（12页），更是滑天下之大稽。难道说：不练太极拳，不会"沉肩"的人们的肩、臂部接得"不牢"？臂部没有生根？说"掤劲不是人身固有的劲"也不合理，如无内因，外因怎能起作用？因有"放长的弹性"，所以称为"劲"而不称为"力"（14页）。这是世俗不明太极拳理法，又不明科学的说法。力、劲原是同类的，古典拳论有"力由脊发"的句子，并未忌讳"力"字，而力学也并不称为"劲学"。所谓"放长是使身手内具有细而长的感觉"云云（13页注解）。劲如何细长？只凭"感觉"，岂非唯心论的范畴？

三、评立身中正、上下相随的虚实运动

陈式对身法和各式太极一样，都要求中正。身法的腰主宰着因敌变化的方向，同时带动手足的变化。但陈式的身法是立体螺旋的，它和虚实、双重都有密切联系。主要是由于身法的螺旋运动，使手足的千变万化，都为了保持"重心的随遇平衡"。

陈式的步法进退是随着眼的指引、腰的螺旋而带动着转换的。重心仍在躯干的中心而随着步法作位移，正如车轮的旋转进退而车轴仍在中间。拳论以"腰如车轴"作为比拟是十分恰当的。本文说："太极拳动力本身就产生于重心偏差的倒换中，如果没有偏差，就是说重心正摆在中心线上，那就会形成双重"（28页）。因此，本文在拳式动作的说明中屡屡说："重心全部移于左（右）腿。"这是由于作者根本未弄明白什么才是双重的缘故。所以文中虽然提出"中土不离位"这一句正确的话来，立即又错误地解释："中土不离位，指人体重心不离开两腿间距离的中间三分之一的意思"（28页）。却又未说清所谓"三分之一"是偏前，还是偏后的，不论偏前偏后的"位"，还能叫作"中"而不离位吗？

关于"双重"这个名词，首先见于王宗岳著《太极拳论》："左重则左虚，右实则右杳。"正是阐明"手实则步虚"的配合方式。如果这句话说为"左手实则左足虚，右手实则右足虚"，便不至于让后来研究太极拳的人迷惑至今了。我初学吴式太极的时候，刘慕三先生也曾说："马步为双重。"后来我渐渐怀疑，马步是双重的毛病，为什么吴式的单鞭，却保存马步？如果忌讳马步，变为虚步并不费事。又为什么"王论"却说："每见数年纯功，不能运化者，率皆自为人制，双重之病未悟耳。""纯功"，而且是"数年"的"纯功"，还不能悟及这一"举足之劳"的配合，可见"双重"肯定和马步无关。后来学熟了陈式，才领悟"双重"之病，指的是手足双实，避免"双重""病"在于运动中的适当变化。本文既采取俗说"重心正摆在中心线上，那就会形成双重"，又引用成语"中土不离位"（28页）以自相矛盾。为了避免这一矛盾，又采取所谓无名氏的所谓拳论说："若不穷研轻重浮沉之手，有掘井徒劳不及泉之叹"（33页）。该论作者由于不理解王宗岳指出的双重问题主要在于手足的"双"

字，而非"重"字，于是避"重"就"沉"地说"双重是病手""双沉是功手"（29页）。殊不知在生活的习惯上，重是说物质的分量，沉是讲人取物时的感觉，其实重则必沉，不重则不沉，重与沉是一码事，都是受地心吸力而向下落实的，怎能"双沉"便"自尔腾虚"呢（34页）？又怎能在"失去重力而形成滞，重的是病"之时，如果"将双手虚虚掤起，就可成为双沉的功手"呢？该书既然肯定了"双沉、双轻"为"功手"，为什么又提出一个半轻、半重（34、35页。这里又把"重"说成功手了）？所谓"半有着落"是指手，还是指足（34页）？"着落"在哪里？像这样的问题，恐怕向原作者问之，也难以自圆其说。如果只是"敝帚自珍"，我们倒不必管它，但强加于理精法密的陈式太极拳的头上，却不能不为这一科学艺术洒"一把酸辛泪"。

陈式虽要求身法中正，却不是呆板的中正。陈式的身法在各式的动作中是变化万端的。我从实践中体会出：中正是螺旋运动中的中正，仔细说来，便是重心随遇平衡的中正。

因此，陈式的虚实规律，在身法、步法方面，由于重心的旋转而变换。左旋则左较实而右略虚，右旋则右较实而左略虚。这样的虚实变化，假设重量为十分，应是前面四分，后面五分，中心经常保持一分（也可以说等于十分，这是合乎杠杆原理的）。我们根据拳论所说"立如平准"的原则来用秤进行观察分析：秤砣为力点，所称的物件为重点，秤的毫系为支点。支点的拉力必须超过它的力点、重点的总和力量方能有效。在陈式的支点是从头部的顶劲虚领，到尾骨长强穴的微往后翻，力点在于手部的顺逆自转和臂部的屈伸，它等于秤砣的里外拨动以适应对方加于我方的力量——重点。不过我们用秤来称物是要求力点与重点的平衡，在拳法则既要求本身重心的平衡，同时牵动破坏对方的平衡。并且陈式保持重心随遇平衡的方法，还在于膝部的一提一落，下落的膝部又等于磅秤的加砣。本书屡说"全部重心偏移"，又要求"在开始学拳时，宜采取大虚大实的姿势，如二八之比（二八之比是指两足负重的分配比例，如以全身重一百斤为例，则一脚负担二十斤，另一脚负担八十斤）。随着功夫的熟练，就要转为小虚小实的姿势，如两脚的负重分配比例为四六等"（29页）。按太极锻炼过程，虽然一般常说"先求开展，后求紧凑""由大圈而小圈，由小圈而无圈"，这是讲手足运动中配合的大小，大为开展，小为紧凑。运用公转为大圈、小圈，无圈则只用自转。但陈式在初学时，也不许大虚大实，因为如果养成习惯，改起来就更难了。所谓"重心在两腿中间，不超过三分之一的部位"和"二八、四六"的比例是偏前或偏后呢？文中也没讲清楚。

《十三势行功心解》讲虚实问题说："虚实要分清楚，一处有一处的虚实，处处总此一虚实。"我认为，对这三句话，应当分三层来理解。第一句话要求学者对虚实要分析清楚，即何者为虚？何者为实？在运动中如何变虚？如何转实？虚实的比例应占多少和为什么转换虚实？第二句话主要是要求分析清楚在肢体的"一处"也各有其虚实。第三句话是要求分析清楚"处"（即全身上下相随配合方法）的"虚实"配合是"总"的、全体的，不是各个分开而孤立的（所以我曾咏虚实有句：虚实本易分，所难在配合）。作者引用所谓"拳谱规定"，竟将原文"处处总此一虚实"，改为"处处总有此一虚一实"（27页），便将武禹襄所能领会的对立统一的虚实分割开来（按原文先说：虚实要分清楚，后两句便将"虚实"二字合起来说，可以证明他是懂得"虚实"关系和怎样配合变化的）。我认为，武禹襄是亲身从陈清萍学过的，所以他写的文字是符合陈式规律的。也可以说是：不明此——武式原句，即不明陈式拳。

本文谈到"四正、四隅"关系，也不合陈式原则。十三势中掤、捋、挤、按、採、挒、肘、靠的手法，前进后退的步法，左顾右盼的眼法和中定的身法是运动中的整体组成，它是综合着上下相随而因敌变化的，缺一不可的，无所谓主次。按着陈式口诀："手到腿不到，发人不巧妙，手到腿也到，发人如薅草"（发字原为打字）。虽然比较突出了步法的重要性，但我认为，眼法则更属重要，这并不是只重眼法、步法而不重身法、手法。手法的"四正、四隅"的区别，陈鑫著作从未道及。因为"因敌变化"时，用着哪个手法，哪个手法便成为主要的。本书说："隅手是补救偏重、偏浮的重要措施。"（35页）又解释为："要做好虚实（这句话就不通，虚实怎样才能做好呢？），不要忘却隅手。""如果对方是一个大开大展的俯仰倾斜者（对方俯仰倾斜，必然犯双重之病，已造成被动之势，怕他何来？），常想用出隅的手法来制人。"（35、36页）他主张"用隅手对隅手"这倒是对的，陈式的肘、靠本来就是对待採、挒的常规。但说"不敢采用或不习惯于采用隅手来对待他的隅手"是"惯于使用四正的一种缺点"（35、36页），这就不对了。陈式的每个动作都包括有手部的八法，只要练得规矩而又纯熟，自然能得心应手地因敌变化。该书讲推手原说"四正为主，四隅为辅"，怎么习惯用四正，反成了缺点呢？既说"以隅手对隅手"，为什么又说"对方采用採、挒的隅手来硬拿、硬击，则自己有时也难免要出隅"（36、37页）。按对方采用隅手拿击，我方应当主动采用肘、靠来补救手部的出隅，乃是合陈式拳法的。本文舍近求远地说"右手出隅，左手出击，人迎左手，则右手又可回归到方园四正之内"（36页。把方处"隅"的手收回来，应是回到圆圈内，不应说是"方圆四正之内"）。我们从本文说的实况来研究，对方採挒我方右手，必然是身向右转，才便于发劲。我的右手既被採挒，必须身向左转随化，才能用上右肘肘靠。如用"左手出击"，必须当对方化解我方肘靠时，身略下沉变为左转，我才有身略右转，而以"左手出击"的机会。实则最正确而简便的边化边攻方法，正如本文37页所概括的要点第五条："推手时不要忘却'隅手对待隅手'的原则。四正手与四隅手要相互转换，两者俱练。"这段话倒说对了。但作者又为什么忘却"隅手对隅手的原则"，而以"左手出击"来换回右手呢？

至于图8的姿势是杨式，而非陈式的搂膝拗步，为什么《陈式太极拳》著作会出现杨式拳照？图9、图10的单鞭，后脚尖不与前脚尖的方向一致，不合陈式规律。图11示意方圆，却不知科学规律是由点生线，即点为方，弧线为圆，绝非整个的圆圈，带棱角的方形。图12示意四正四隅运动范围，在圆圈内注"出隅手用肘靠补救"，在方形外注"出隅手用採挒补救"。究竟彼我两方中哪一方面的手出了隅？按陈式规律，对方用採挒的隅手，我应以肘靠对待，如对方进肘靠，便应以按法对待（按陈式推手规律，从无正隅之说，因陈式的运动形式，不论自转、公转都是斜的，掤捋挤按也非正的）。凡是一方用採挒法引进对方却使之落空而出了他的圆圈，出圈的是梢节的手部，即应用肘靠进入对方的圆圈内，进行边化边击的着法。本文只说"出隅"，未讲"进圈"，又未说明肘靠或採挒究竟是用它对付什么来着的作用，所以阅者越看越糊涂。表1完全采用无名氏的《太极轻重浮沉解》更不应强加于陈式。

四、评腰脊带头、内外相合的节节贯串运动

陈式的螺旋运动就是由"腰脊带头、内外相合的节节贯穿"之动力。由于腰脊的立体螺旋，重心保持随遇平衡而内部获得中正，外形的螺纹虽是略现倾斜，这就是正中寓斜、斜中寓正的方法（正如螺丝钉形状，外面有斜纹，而中心是直的，如果螺丝钉弯曲，便成废品）。陈式尾骨的微向后翻，并非只向下、向后，它是随着腰部的左右旋转，而像拧螺丝钉那样，螺纹侧着前进，因此，一面下降，另一面的纹是上升的。我们观察膝部随腰旋转时，腰左转则左膝上提而右膝下垂，腰右转时，又是右膝上提而左膝下垂，以调整重心的平衡，便可证明本书所要求的"腰脊带头、内外相合的节节贯串起来"。必须将躯干走立体螺旋，方能"节节贯串"起来，并且一动无不动地不但外形一动全动，脏腑也随之而左右侧旋，达到内外相合，而且它是离心力与向心力即螺旋上升与下降对立统一地运动着。本文只说离心上升是不对的。

本文说，"腰是左右平行转动的中轴"（38页）。虽然没说明螺旋运动，"中轴"二字倒是对的。但又说"脊是上下弯曲的根基"（38页）便是奇谈怪论。陈式除七寸靠的动作腰侧着向右下方经右膝里侧弯曲下去，肩头离地七寸（因难度太大，今已改变练法），不知作者看到或者学来的哪种陈式太极拳之腰脊在脊部，有如"屈蠖求伸"似的形状，而"上下弯曲"地表现出本文所说"脊柱……一直一弯的动度要做得大些"。"腰如车轴"是古典拳论提出的，本文也承认"腰脊这两个器官居于人身的中部，它们天然具有中轴的功能"。中轴在旋转时，能"一直一弯"地运动吗？"力由脊发""主宰于腰"也是古典拳论提出，而经作者承认的。本文说："为了做到主宰于腰脊，不顾此失彼和不分散思想，则只有运用具有倾斜度的离心力（这可能是指的螺旋，但螺旋纹是由腰脊的侧转形成的，仅是螺纹而非脊骨一直一弯，它也不是单纯的离心力）来发动动作（图15），才可以自然地把劲运到腰脊上去。""劲由脊发"（按原文是"力"字，不是"劲"字，作者引用前人拳论，往往好加字或改字、改句，不知是因年老记忆不清或有意篡改，以求符合个人的论点）和"主宰于腰"都是作者承认的，并有"从腰脊上运出来"的话（41页）。为何由脊发出来的劲，又须依赖"具有倾斜度的离心力来发动动作，才可以自然地把劲运用到腰脊上去"（42页）？究竟这个劲是从哪一部分"主宰"而"发"的？"离心力"只能把"劲"发出去，怎能像43页"要领概括"第二条说的"由中轴而产生的'动分'和'静合'，是运用离心力达到贯穿的中心关键"？"静合"是否需要"向心力"？"腰脊"既是"中轴"，动度只能是"小"的，怎能像车轮——手足那样，动度要大呢？

图13甲、乙仅能表示小孩玩的拨浪鼓的动作。陈式手法运动，或一走外弧线，而一走内弧线，或同走外弧和内弧，而且有左右、前后、上下的变化，绝对不像此图那样简单。图14对脊节动度在括号中说明"动得最小的脊柱关系"（43页），这句话是符合实际的，岂不和本文原来说的"脊柱部分欲要求放长并动得要大些"（43页），又自相矛盾？

至于"练拳要练在身上"（41页）这句话是多数武术家经常提到的，不仅是"太极拳名家"才"常常说"。说这句话的意义是要求学拳的人们应从实践中体验理论，理论与实践相结合，才算真知，当运动或交手时，才能得心应手。"不要练在手上"（41页）这句话，我却没听见过，据其原意可能是要求学拳的人们不可只注意手部的外形动作，而不注意身手的配合和内劲，绝非不重视手法。因为"身"便是指全身，当然包括手足，我们也不能因为"太极拳名家"说的两句话里没提到足，就认为太极拳连步法也不重视。

讲"八门"在小注（43页）说："八门指八种内劲，即：掤、捋、挤、按（又称四正）和採、挒、肘、靠（又称四隅），五步指五种步法，即前进、后退、左顾、右盼、中定。"作者也知"左顾、右盼"是借眼法来形容步法的，却忘了除眼法、步法外，身法、手法无不有前后、左右的方向变化，如将"左顾、右盼"纳入"五步"，岂非等于太极在"手眼身法步"的规律中抽掉眼法、身法？

本文讲周身"九个主要的"运动关节倒还可以，但在"一气呵成运动"文中说："假定架子的拳式为七十二着，那么练完一趟架子就要一气完成六百四十八个动量。"（45页。九个关节的动乘以七十二）这里的"七十二着"是根据什么太极拳而"假定"的？本书陈式一路为八十三式，二路为七十一式，为何不根据陈式而"假定"它的数字？陈式每个式子的每一动作便是一个着法。

本书"拳式名称顺序"称为某式，不称某着，如果算对的，那么，这里说"七十二着"又错了。

五、评相连不断、滔滔不绝的一气呵成运动

由于陈式的螺旋运动，既然能够做到"由腰脊带头"而"内外相合"地节节贯穿起来，则"相连不断、滔滔不绝的一气呵成"（44页）运动就自然形成，它根本不成为另一"特点"。"一气呵成"这一句成语，用在太极拳中并不恰当。因为拳的运动是一气练成的，不应抽象地说为"呵成"。"特点"既不成立，也就不值得浪费笔墨，再加评论。不过，文中不妥之处，还是有必要评一评的。

"劲断意不断"的原意，本是指运动中的"惯性"。前人还不可能完全懂力学上的惯性，只能以"意不断"来说明劲的惯性。但本文加上一句"意断神可接"，解释为："万一意也断了，则要运用意、劲的余神接续下去。"（44页）众所周知，"神"是由"意"发生的，所以古人有"心不在焉，视而不见，听而不闻"的说法（古人说的心，如今说为意）。请想，在这种情况下，"意"既不存，"神"于何有？怎能再"运用意"？怎能还有"余神"？何况，劲发出后，只有惯性，哪里来的"余神"却能够从已经"开了小差"的"思想""接续"，而"尽量保持神的存在"？

　　古人拳论是有"往复须有折叠""进退须有转换"和"收即是放"这几句话的，虽然非出自陈鑫著作，却正是螺旋缠丝的运动形象与发生的作用，所以与陈式太极拳的理法并无矛盾。我们应当理解为，"往复"中的"折叠"，主要是指手法。"折"乃转折，"叠"乃重叠转折。正是陈式手部自转的顺逆互变和公转的正旋、反旋过程中的S线路，前弧为"折"，后弧为"叠"。这是陈式手法上因敌变化，"离心力"与"向心力"并用，借劲与截劲同使，也就是陈鑫所说"带引带击"与一般拳论所说"收即是放"的妙法。"进退"中的"转换"主要是指步法。"转"是定步的足尖、足跟或活步的腿足转变方向。"换"是腰部的沉转、膝部的提落，随腰的旋转方向而换劲的虚实。手法的折叠、步法的转换，都是由眼的指挥、腰的旋转，全体具有螺旋形式的运动而上下相随的。"折叠""转换"都从螺旋自然形成。绝不是本文所说的什么"嵌进""弥补"（44、46页）。

　　陈式的方圆相生，就是科学的点线相生，由于太极运动的线是外弧线、里弧线，或反、正S线，所以"点"为"方"，为紧凑，为刚；弧线为圆，为开展，为柔。本文所引《太极拳正功解》说："太极者，圆也，无论上下左右，不离此圆也。""太极者方也，无论上下左右，不离此方也"（48、49页）。能从太极的"圆"体会出"方"，而且说"不离"，等于说"方圆相生"。这和陈鑫说的"太极有方有圆"同是进步的说法。

可惜说得过于笼统，未曾讲明究竟什么是"方圆"，"方圆"的关系和如何变化相生，所以下文又说为："圆之出入，方之进退，随圆就方之往来。方为开展，圆为紧凑"（49页）。前三句还可以理解，后两句便表现出其对"方圆"认识的错误。夏国勋对太极拳曾有"进要柔，退要刚"之语，我曾加以解释：进要圆，退要方。因前进时，手不柔圆，便犯顶劲，后退时足无刚方，便犯丢劲。但手部前进的弧线可变为点而发劲，是为柔中之刚，足部后退的落脚点前，仍以弧线而退，是为刚中之柔。总之，手足之出入、进退过程中，只要能走螺旋线，善用缠丝劲，自能方圆相生、刚柔相济。陈鑫所说"周身处处皆太极，挨着何处何处击"就是指"方圆相生、刚柔相济"的功能。

　　研究太极拳者都承认王宗岳所著《太极拳论》是经典著作。全文几乎句句讲对立统一的理法，却无只字谈到呼吸、意、气。后来写太极文字人总要谈呼吸、意气。似乎不谈呼吸和意气，便显得水平不高。陈鑫和陈发科师都主张"呼吸顺其自然"。本书第五章281页的小标题也写为"开合虚实，呼吸自然"。但本文49页引拳论说"呼为开、为发，吸为合、为蓄"。可是陈式各拳式中常有一手开、一手合的动作，此时应呼、应吸？白鹤亮翅末一动作是手部双开的，开应当是呼而不吸，又为什么要求吸呢？"擎得人起"和"放得人出"（49页）是功夫成熟运用得合法而表现的，并非与呼吸绝对有关。因人人莫不呼吸，却人人未必便会"擎放"。至于说"功夫达到高深时，仅用肌肉皮肤的涨缩即可进行擎放"（49页）就更离奇了！奇字本是赞美之词，但词汇在奇字上便成贬词，这是有道理的。因为什么事离开了常规，离开了事实，就是离奇。我们只见到过当蚊虫叮驴马时，它的肌肉皮肤会自然涨缩而抖动，但人的器官除眼皮、腮唇、两膝会单独抖动外，还未看到何人练出用肌肉皮肤涨缩而进行"擎放"的。

　　本文写了名家行拳实例，让爱太极拳的人从而得知纪子修、张策、尚云祥、王茂斋，特别是太极名家杨澄甫、吴鉴泉诸老前辈的拳法概况，也是难得的。但在《陈式太极拳》书中，应当把陈发科师的行拳实例同时写出，与杨、吴二老作一对比，文中一字不提陈师，好似作者从未见过陈式名家行拳，岂非忘了本题？说杨、吴二老行拳的进退转换，滔滔不绝，外柔内刚，连时间"八分多钟"都记得清清楚楚，不过所谓"慢到方时快，快到圆时慢"，这样"动荡无己"（47页）是否符合陈复元著《陈复元太极拳论》中所讲"练太极术之步骤"的"三层功夫"？是否符合陈鑫所说"精神贵乎蕴蓄""不可以外露圭角"和"收敛精神"的规律？

六、评从柔到刚、从刚到柔的刚柔相济运动

王宗岳著《太极拳论》中说，避免双重之病的要点在于"阴不离阳""阳不离阴"的"阴阳相济"。陈鑫则说："用柔不可无刚，用刚不可无柔。""刚柔不可偏用……是为刚柔相济。"两位太极前辈一说"阴阳"，一说"刚柔"，而一致要求"相济"。"相济"的方法同为"不离"，足证这些说法都是符合对立统一法则的。

阴阳是表示矛盾两方的代名词，"刚柔"是缠丝劲中收、放两方的具体表现。也就是陈式的螺旋运动中阴阳互为其根地由点到线而方圆相生的结果——缠丝劲。陈式既以缠法为要点，学习并掌握了这个规律，虚实的转换、刚柔的相济等问题，自然包括其中，迎刃而解。本来不值得另立特点，姑就本文所谈某点不合陈式理法之处，加以评解。

本文在"刚柔相济拳"（51页）中说："对太极拳刚柔的看法，怎样才算正确，这是练拳人都希望知道的问题"（51页）。我认为，对太极拳的刚柔"别有看法"，而"希望知道怎样""才算正确"，这不是对"太极拳"而是对"陈式太极拳"的一种疑问。因为，刚柔相济的要求，不但太极如此，各项武术，甚至各项体育运动无不如此。社会上早已习惯说："太极以柔为主。"所以这种疑问是针对陈式的"刚"，而非针对一般太极拳的"柔"。我初学陈式时，对"刚""速"也曾发生怀疑，而向陈发科师提出相问。水平所限，不免少见多怪，倒不稀奇。

但本文首以地区来区分拳的刚柔，是无科学根据的。文中说："黄河流域的人民大多喜习硬功拳，因此在该地区流传的陈式拳也有向坚刚上发展的趋势……长江流域为保健而学习太极拳的知识分子占了很大比重，逐渐向着柔软上发展。"（51页）知识分子为保健而学太极拳的逐渐向柔软发展，虽然是"为了适应体质的需要"，却是无"黄河""长江"之限的。北方的知识分子，便没有"体质的需要"吗？在该地区（黄河流域）所"流传的陈式拳"是什么人？从何时起而"向坚刚发展"？陈发科师、杨澄甫先生，特别是吴鉴泉先生都是"黄河流域"的土生土长者，为什么都能保持"太极拳刚柔相济"？我认为，这是传授和学习的方法问题，而不是地区关系。

　　从练拳的方法过程来说，"初步力求柔软"是对的。"力求身肢放长"是从初步的各个关节放松以求柔，继之以螺旋运动以求放得更长。但"放长身肢"并不一定便会产生"弹性的刚"。我从锻炼中体会：缠丝劲的刚是从松圆的螺旋运动中反复绞拉各个肌肉束、细胞，自然联系到一起而产生的。它如同我们揉面，揉的时间越长，面粉中每个颗粒里的面筋便联在一起，不论是面条、馍馍，吃起来就感到有一种弹力似的。但这仅是内劲的产生过程，至于在推手时运劲的刚柔怎样表现，则是由于每个着法中含有螺旋的顺逆变化而来。我们试从车轮的运动来进行观察：只要这个轮子的各个零件构造的尺寸合格、安装的松紧合度，则运转起来自然灵活。中轴是固定着的，为刚，它虽固定又能旋转，为柔；车轮随之旋转，为柔，挨地的某点能把全车和载的重量负荷起来，为刚。这是它本身的刚柔配合。但当旋转的速度加快时，不论车轮的某一点碰着什么东西，便自然能把它撞出去，这又是柔中之刚。所以我认为，陈式的螺旋运动同此一理，是"点"刚而弧线柔。这样的刚柔表现是由方圆相生，即点线相生的作用，这就是刚不离柔、柔不离刚的刚柔相济。本文讲练劲的刚柔为"应力求柔软"，是正确的。讲怎样"运柔成刚"说"刚性的加强，是靠内气的贯穿而实现的，刚性质量的提高，则是靠缠丝劲绞来绞去以加强弹性的韧度而实现的"（53页）。按："靠缠丝劲绞来绞去以加强弹性的韧度"，应是加强了柔，因为柔韧同一性质可以并用。如说靠螺旋或"缠丝"运动形式则可，直说"靠缠丝劲"却又错了。因既已成"劲"，便无须再用什么"绞来绞去"。其实，内气贯穿也罢，"绞来绞去"也罢，都不能离开螺旋形式，至于将"加强"和"提高"说为两层功夫也让人难以理解。

　　本文讲，"刚柔的变换"为"在神气上说，是通过隐与显表现出来的，隐则柔，显则刚；在姿势上说，是通过开与合，在运动过程中表现为柔，在运劲到达落点时，则表现为刚"（53页）。按：关于刚柔的隐显是力的点与旋转的弧线"随曲就伸"地互变而形成的，它和"神气"的隐显有什么关系？尤其后面讲"刚柔运用"却要求"意气风发"（55页），更是糊涂得吓人。"意气风发"应是"神显"的形象，照本文原意，"神显"应当为刚，怎么能结合上"刚柔运用"的"柔"呢？既然是"刚柔相济"，那么，"开合"过程中，都应当"刚不离柔，柔不离刚"，为什么必须落点要用刚劲，其他都用柔劲？并且又说"行气用柔，落点用刚，是太极拳划分刚柔的界限"。刚柔划分了界限，违犯了对立统一的原则，还算"刚柔相济"吗？还是陈式太极吗？

　　至于说"如含胸拔背等，只用意念就可以了"（55页），岂非正如陈鑫所云"其弊失之于虚"。说"……已不致因（身肢）放长再染成相反的鼓劲病象了"（55页），未免使人怀疑，原来说了半天"身肢放长"不是放松，而是"使身肢绷得极紧且长"，所产生的"弹性刚"，还能够"再染成相反的鼓劲病象"的。再看图16所说的"柔运线"（圆线），"动作落点"（方点），"示意""方圆相生"，仍是"刚柔划分界限"的糊涂老套，不再加评。

七、从慢到快、从快到慢的快慢相间运动

　　陈式运动快慢相间的具体方法，陈子明著《陈复元太极拳论》中说

得十分清楚、正确。原文说学练的步骤为："练太极拳术之步骤有三层功夫：第一步，学时宜慢，慢不宜痴呆；第二步，习而后快，快不可错乱；第三步，快后复缓，是为柔，柔久刚自在其中，是为刚柔相济。"虽然对刚柔相济的问题讲得还有些笼统，但所指出的三层步骤却非常明确，我们可以从中体会"快、慢"是在学、练的不同阶段而采取的方法。也就是要求全部拳趟"快慢相间"，即一趟全慢，或一趟全快地练，并非每式动作忽快忽慢。

我初学吴式拳时，刘慕三先生曾说："练太极拳越慢越好，功夫也越深，才练得越慢。"初学陈式时，由于看陈发科师表演的动作较快，我就首先以快慢问题向陈师请教，陈师答以："初学任何技艺，都必须慢，慢才能学得正确、细致。"学太极拳而慢练，不但为了姿势正确而逐步加细，特别在腿部由于慢而负荷的动量加大，功夫便容易长进。此后，由于练得熟了，在不知不觉中又自然快了，并要在慢中求转变的灵活，快中求动作的沉着，最后达到轻灵中兼沉着，沉着中又要有轻灵。所以，"慢"是学习、锻炼的方法，而不是目的。我从陈师学拳将十五年，每见他练拳，便当作艺术欣赏，曾摘录曹子建《洛神赋》中"翩若惊鸿，宛若游龙"之句书以为赠。但从未发现陈师在拳式运动的转关处放慢，弧线中加速，在整个套路里用"零断劲"来"快慢相间"。

本文前一段说："在初练太极拳套路（一趟架子）时，动作应该越慢越好，可将时间放长。动作放慢了，才有修改的机会，才能检查出不顺随的地方。但是，慢不可慢到面部表现痴呆（按：陈复元所说，不可痴呆，应是指的动作。因动作中思想集中，不会面部面现痴呆），这是慢的限度（57页）。（陈师曾说：练一路快到8分钟，慢不过12分钟，二路快则4分钟，慢不过6分钟，12分钟和6分钟才是时间上的限度，面部的痴呆与否是练拳时的要求，不是限度。）随着熟练程度的提高，可渐渐加快"缩短走一趟架子所需的时间"。文中所讲快慢的转变，和陈复元讲的原是一致的、正确的。但作者在注1、解释拳谱"动急则急应，动缓则缓随"的快慢涵义时却分为两点说："第一个涵义是指练习一趟架子所需时间的长短。如甲练一趟架子需时12分钟，乙需15分钟，则我们说：甲快乙慢"（57页）。按：《太极拳论》所说"急、缓"这两句话，是讲推手动作的"急、缓"，所以用"应""随"二字以表示彼我的因敌变化。头一个"动"字是指对方的"动"，"急"或"缓"，是指对方的动作的时间，而"应""随"的"急""缓"是我方针锋相对的方法。作者用甲、乙练拳所需时间的长短来比较快慢，怎能用得上"应""随"二字？所谓"12分""15分"又是根据什么太极的限度而提出的？

"第二个涵义"，作者说"转关处慢，过了转关后逐渐加快，运到落点时最快"（57页）。却不知这样的"快慢相间"与"拳论"的"动急则急应，动缓随缓随"何干？文中所反复的不过是什么"八门五步""劲别"那些陈言，倒不必评，奇怪的是写《陈式太极拳》，不但违犯陈式规律，而且个人误解："几在转关折叠处应慢，过了转关后运用加速劲向快上运劲"为"太极拳谱规定"（57页）。

本文讲，"太极的发劲"说为：把内劲从短距离内发出去，武术家把这称作"寸劲"。在注1中说："寸劲，凡在一尺以内距离的蓄发劲，均称为寸劲"（60页）。这种解释却和我所听到和体会到的完全不同。我曾听武术家谈：在一寸内发劲为寸劲；也有人把寸的音读成上声，解为"忖度"情况而发劲。在陈式则主张贴住对方的身体而向内发进一寸的劲，所以人就会受内伤。陈鑫所说"着人成拳"便是发进寸劲的解释。如果"寸"为"一尺"，"尺以内"，何不称为"尺劲"？上文既说"发劲"，为何注中又说为"蓄发劲"？59页注1又引1914年在北京体育研究社的年会上公开表演太极拳的"杨澄甫老师"的"表现沉着和劲别"，时间为"最快不过八九分钟"。这段文字，一方面使我们后学借广见闻，另一方面又使人羡慕作者能有眼福，而多知多得，原是好事，但不知编写《陈式太极拳》为什么一直不提作者所从学过拳的陈发科老师之表演沉着与否，有无"劲别"，快慢为多少分钟，未免遗憾。

八、评大脑支配下的意气运动

人们的思想行动无一不是"由大脑支配的"。练太极拳，即使是练陈式太极拳也不例外。所以"大脑支配下的意气运动"，根本不应成为陈式的第一特点。按照本书"结语"说为"外表虽有差异的太极拳架子，内中或多或少都具有这些共同特点"（64页），倒还可以。不过既云"共同"，又称"特点"，在语法上，也有不合。我认为，作者的意图，可能是突出"意气"二字，以神化陈式。我们不妨就"意"和"气"来进行分析评论。

"意"是由"大脑"支配下而适应万事以变化的，学什么便应有合乎什么的"意"。学陈式的"意"应当用在哪里呢？我认为，一是应用意于这套拳的理，即阴阳对待学说——矛盾对立统一的理；二是应用意于这套拳的法，即缠法——螺旋运动的顺逆缠法。"意"这样用，才是唯物的"意"，而非幻想。"意"必须这样用，才算善于用意，而不枉费功夫。社会上习惯上将用脑子说为用心，所以谚语有"世上无难事，只怕心不专"之句，当前也经常说"全心全意为人民服务"。因为说"心""意"习惯了，倒觉得听起来好懂，却从来没有听人说过只怕"大脑不专"，或者"全大脑为人民服务"。本书第五章第三项一条也写为"心静身正，以意运动"。陈鑫语录说"主宰于心""四体从心而运"。

我们为了介绍学陈式拳的方法，也可以说是为后学指出一条正路、捷径，而写出有关的文字，固然不必在"大脑""心意"这些字眼上多费唇舌，但是应当说明陈鑫所说的"心"如何主宰，和"四体"怎样"从心而运"，主要应当阐明有关拳法的具体规律，而不是空洞的教条。陈式拳法的基本规律，除螺旋形的顺逆缠丝问题，已在首段评语中概括讲过，其他如怎样认识清楚十三势在套路中每式的每一动作属于什么着法；形式上全身怎样配合而变化；内劲方面地虚实、刚柔怎样转换和为什么这样转换，而从严、从难、从实践出发地练架子，以养成练拳时无人若有人的习惯。

对于一式一动的作用，既由表及里地一一弄清楚后，还应"由此及彼"地将同一式名的不同练法和为什么同或者不同的问题，也全面弄清楚理法纯熟后，再通过推手的科学试验，加以修改而"去伪存真"，最后通过默识与揣摩"而愈练愈精"。所有上列环节实行起来，当然离不开"用意"。也可以说：照这样用意，"意"才有用。

下面再谈谈"气"字。我不懂生理学，仅从医书上得知，气有先天、后天的区别。先天气是与生俱有的，后天气则全赖肺的呼吸来补充清气，呼出浊气，而流行于周身。陈鑫所说"清心寡欲，培其本源"，乃培养先天气之法，"呼吸顺其自然，调息绵绵"乃吐纳后天气之法。"顺逆缠丝""各随各经络运行，无纤悉之或差"，乃将气流行于周身之法。又说"运化全在一心中""心与身不可使气，轻轻遵住规矩，顺其自然之势而运之""遵住规矩，顺其自然，实为'意''气'结合运用的不二法门"。以上摘要数语，已足让学者阅之对陈式的拳法豁然明白。我们从"规矩"二字仔细体会，可知陈式与各式太极拳的基本规律虽然也相同，但做法不同。除缠法外，陈式对顶劲是要求如用绳子从百会穴向上悬起似的"虚领"，而非如"轻轻顶一物件"的"虚顶"；对腰劲是要求重心随遇平衡地"不偏不倚"，同时，用立体螺旋形式转动而一面"忽隐"，另一面"忽显"，不是"神气忽隐忽显，刚柔随之忽隐忽显"；对裆劲是要求尾骨长强穴微向后翻，使小腹下部斜向内收，而自然"气沉丹田"，不是尾骨内收，小腹把丹田向上托起来，这一点是陈式与各式太极的根本区别。称它为小小的"特点"，倒是可以的！

本文不采陈鑫讲的本地风光，来写"陈式太极"的规律，而别寻证语，并别出心裁，将这种"从母胎秉承下来"（5页）的先天气说得扑朔迷离，什么"神经""生物电""特殊分泌物"（6页）等，这对《陈式太极拳》本来是不必要的赘文（因与练拳无关）。但又说"练到有了此气出现……人就会感到有气""意到气就到""只要思想上想到某一部位，就可以产生气的活动"（5、6页）等语，尤其可笑。好像"先天气"是从

"练"而"出现"的，又须在"太极拳动作的刚柔，开合和快慢等，促使生物电位随之升降"时，人才"会感到有气"。难道说，不练太极拳，练拳而"思想"又没"想到某一个部位"便不"产生气的活动"（7页）？那么，在睡眠中的思想暂时休息，这人就会成了没气的吗？如果作者亲身体验到了人在睡眠中，虽未用意，还是有气的大活人，岂不又和自己说的"只要意到气就到"的规律自相矛盾？

不论气是先天还是后天，而"气遍身躯"，总是说的气在体内。肺部吸入的气虽从外来，却已吸入内脏，仍是内气。作者却发明了"外气"这个名词说"显与外的则是神态和外气的动荡"（6页），不知作者用什么法子练成"外气"（7页）？从生理学研究，这个"外气"是怎样和内部的"意"联系起来，而受"意"的指挥来表现"动荡"呢？古代拳论原有"气宜鼓荡，神宜内敛"的句子，陈鑫讲"意气"则说"平心静气"，讲神则说"精神贵乎蕴蓄，秀如处女"。作者所习的太极拳，特别是陈式怎能和前人的要求（也可以说太极拳的规律）相反，而使"神气鼓荡"？它是用什么方式而"鼓荡"起来呢？"行功心解"中"神如捕鼠之猫"的"神"正是目不转睛、思想高度集中的表现，绝非什么"动荡"。即使我们完全相信本文"意气运动"中所讲的"太极拳为了稳定注意力，采取了一系列规定（例如快慢相间、开合相寓、方圆相生和刚柔相济等），并使它们统一于一个运动之中。这些规定促使意气运动很自然地产生动荡，并使外部的神气鼓荡和内部的意气动荡得到协调"（7页）。学者应当记清"意气"是动荡的，"神气"是鼓荡的，但6页有"显于外的则是神态和外气的动荡"，10页又有"这是使意气得到鼓荡的三个措施"。究竟所谓"意气"应为"动荡"还是"鼓荡"？"神气"应为"鼓荡"还是"动荡"？所谓"动荡"与"鼓荡"的规律与实际运用是否可以合二而一？可能连作者也被这种"荡"的"鼓、动"搞迷糊了，又怎能不使练过陈式拳的人们越看越糊涂呢？

王宗岳《太极拳论》说："人刚我柔谓之走，我顺人背谓之粘。"

上一句是指因敌变化的运动方法，下句是指敌我双方的成败形势。但如不善用"柔"以"走"化对方的"刚"的方法，便不可能形成"我顺人背"的形式。所以后文讲"阴阳相济，刚柔相济"，又说"粘即是走，走即是粘"，来说明"阴不离阳，阳不离阴"，也就是刚中含柔，柔中寓刚的运劲。"方圆相生"即点、弧相生的动作之对立统一。本文引古书常常改字、改意，把《行功心解》原文"形如搏兔之鹘"改为"鹰"字。意仍相同，可不必论，但把《王论》中我顺人背的"粘"改为"人柔我刚的粘"则是原则性的错误。

　　文中说"螺旋运动，可增强动作的起伏动荡性。若动作直来直去，没有高下、里外的翻转，就不能导致精神、意气与身法的起伏动荡。为此，必须结合顺逆螺旋运动的旋腕转膀、旋踝转腿和旋腰转脊，以做到螺旋连贯如一的太极劲……成为做好意气运动的动作核心"（9页）。我认为所说"螺旋运动"是"连贯如一的太极劲贯注于所有动作中……成为动作的核心"比较符合陈式要求。说"运动直来直去，没有高下、里外的翻转"为缺点，也是对的。但说"螺旋运动可增强动作的起伏性"，所谓"起伏"已不合"螺旋"的运动形式。至于说导致"精神意气与身法的起伏动荡"，则又不对了。"精神"是从"意气"产生的，"意气"是指挥"螺旋运动连贯如一"的动力。按照拳法的主次讲，它应当服从于"意气"，怎能翻过来"导致意气如何如何"？而且与"精神"何干？却又能使"节节鼓荡"？

　　我认为，由于不明陈式拳理、拳法，并受世俗上有关太极拳谬解的流毒较深，所以开头一段，便以"意气"二字作了大帽子，笼罩并隐藏起陈式的本来面貌，使学者读之如坠至云山雾中，说得前后自相矛盾。为了爱护陈式，爱护作者，不得不逐一提出评论，以供爱好陈式者参考，并进行科学实验，以辨明其是非。

眼去宝倒如按择拳者，不过说为"含顶眼随"，连除签及中亦有"眼随手运"之误。

太极拳之圈

聞諸先嚴，太極功夫以沒圈为登峰造极，非一蹴可几，必須循序漸進，由大圈收至小圈，小圈收至沒圈，復以內勁为其統馭，聯貫變化，运用神妙，技至于斯，形式上无从捉摸之矣。

8. 太极拳之要点　　　　　　　　　陈子明

余綴父師之言，成太極拳要义三篇，又恐初学者不能得其要領，不嫌煩复，謹举其要点，以为初步研究者参考。

1.性質：太極拳之性質，吾师品三虽言"刚中寓柔，柔中寓刚，刚柔相济，运化无方"，此言成手时之功夫也。初学宜以自然柔活为主，柔宜松，活宜領，柔而不松，活而不領，即不自然，安能致堅刚于將来哉。

2.方法：太極拳之方法，其最主要者为："虛实开合，起落旋轉"八字，初学宜辨别清楚。

3.程序：习太極拳之程序，須先慢后快，快后复緩，先柔后刚，然后刚柔始能相济。

4.姿势：动作停止时之架式曰姿势，太極拳姿势之要点，不外乎手領眼随，身端步稳，肩平身合，尤須注意頂閭两部之劲，无使有失，否则必致上重下輕，周身歪斜，站立不稳之病百出矣。

5.动作：太極拳之动靜作势，純任自然，运化灵活，循环无端，要知其虛实开合，起落旋轉，俱从圓形中来。凡步入門，以大圈为法，始則柔筋活节，进則撑骨斗榫，誠明乎此，身作心維，朝斯夕斯，精而求之，进步自速。

6.呼吸：呼吸調气，是以发达肺部，若于早晨呼吸后轉

· 330 ·

图四

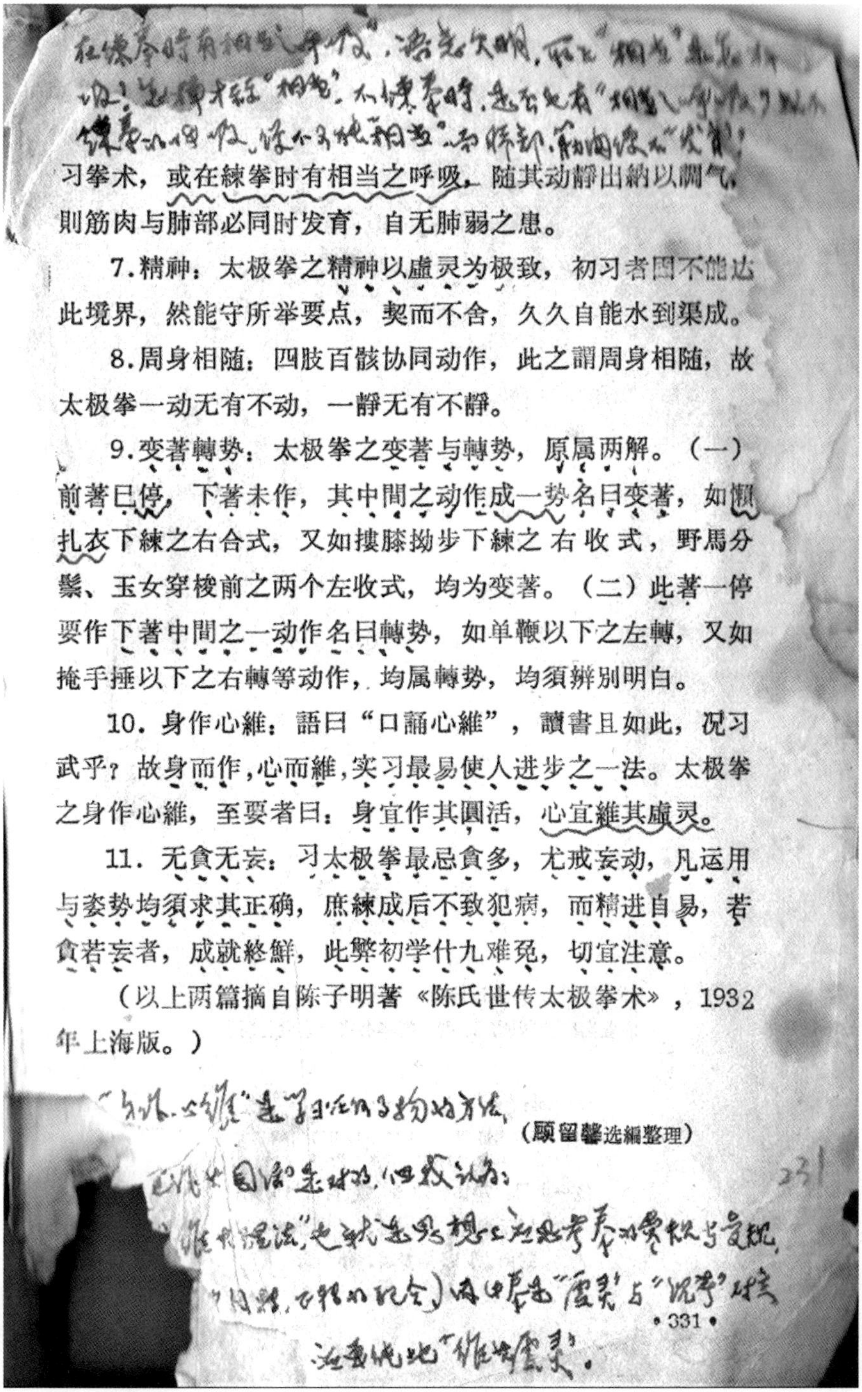

习拳术，或在練拳时有相当之呼吸，随其动静出納以調气，则筋肉与肺部必同时发育，自无肺弱之患。

7. 精神：太极拳之精神以虛灵为极致，初习者固不能达此境界，然能守所举要点，契而不舍，久久自能水到渠成。

8. 周身相随：四肢百骸协同动作，此之謂周身相随，故太极拳一动无有不动，一静无有不静。

9. 变著轉势：太极拳之变著与轉势，原属两解。（一）前著已停，下著未作，其中間之动作成一势名曰变著，如懒扎衣下練之右合式，又如摟膝拗步下練之右收式，野馬分鬃、玉女穿梭前之两个左收式，均为变著。（二）此著一停要作下著中間之一动作名曰轉势，如单鞭以下之左轉，又如掩手捶以下之右轉等动作，均属轉势，均须辨别明白。

10. 身作心維：語曰"口誦心維"，讀書且如此，况习武乎？故身而作，心而維，实习最易使人進步之一法。太极拳之身作心維，至要者曰：身宜作其圓活，心宜維其虛灵。

11. 无貪无妄：习太极拳最忌貪多，尤戒妄动，凡运用与姿势均須求其正确，庶練成后不致犯病，而精進自易，若貪若妄者，成就終鮮，此弊初学什九难免，切宜注意。

（以上两篇摘自陈子明著《陈氏世传太极拳术》，1932年上海版。）

（顧留馨选編整理）

图五

总　评

1. 不明陈式太极拳的主要规律——缠丝劲；
2. 误解有关太极拳刊物，未能去粗存精；
3. 写作的逻辑性欠当，形成繁琐哲学。

陈式太极拳的主要规律，正是陈鑫指出的"缠法"。他说："不明此，即不明拳。"我们应当承认这是老实话，并非苛求。沈家祯先生写《陈式太极拳》，将螺旋运动的顺逆缠丝降为第三位，而将他自己所承认的"共同特点""意气运动"列为首位，而且讲缠丝的顺逆区别，所举的例子——云手、白鹤亮翅和后面拳式动作的说明，前后自相矛盾。讲缠丝作用的所谓"八门劲别"，根本不合陈式的要求，甚至恰恰相反。如所谓"顺缠为掤，逆缠为捋"的"逆捋"，并将缠丝劲说为"受内劲统御"。凡此种种，都是不明陈式太极拳的理法才出现的矛盾，此其一。

作者有一定文化水平，读过不少有关太极的文字，甚至还可能搜集到一些手抄本，将其中的错字、错句视为不传之秘，而加以引用，或加以曲解。如王宗岳所著的《太极拳论》，本来是实践的总结，言简意赅，辩证的一篇经典著作，作者依据原文"快何能为"之句，制造出"以慢制快"之说；将武禹襄著《十三势行功心解》中"气宜鼓荡，神宜内敛"的原意改为"意气动荡""神气鼓荡"，将原文论虚实的对立统一法则"处处总此一虚实"改为"处处总有此一虚一实"；将《王论》中"人刚我柔谓之走，我顺人背谓之粘"的"粘"法，改为"人柔我刚的粘"等，看来好似有所创造发明，实则不仅违反陈式规律，不合前人著作原意，而且陷入唯心论的迷魂阵中。至于用无名氏著《太极轻重浮沉解》的谰言，作为陈式避免双重之病的金针，尤为不伦。

我们无论学什么，首先须依靠明师的口传身教，益友的观摩切磋，还必须阅读、揣摩前人实践心得的总结文字，这是学者必由的途径。但不同的艺术，必有其不同的基本规律。即如学着写字，虽然都要先学执笔，但执毛笔的方法，便和执钢笔的形式不同。同样写字，写誊印版纸，又和写在普通纸上的运笔不同。所以同是太极拳，它的普遍规律，如虚领顶劲、气沉丹田、松肩沉肘、立身中正等，虽是大同的，但又各有其特殊性。多少年来，习太极拳的多数是知识分子，所以有关太极的刊物最多。由于杨、吴等式较为普及，因之杨、吴的拳谱也较多于陈式，并且由于不同的传授、不同的体验，文理和武功的水平又各有其变化。我们从中学习，必须善于批判接受，而取其精华，弃其糟粕。便是去、取之间，也不免随学者的水平、眼力而定是非。正如"庄子"所说："彼亦一是非，此亦一是非。"但以"以指喻指"还是比较正确可靠的。所以我主张写陈式太极拳的有关文字，应该以陈鑫著作、陈发科先生的教言为依据。对于古典拳论也不妨择要列入，较其同异，辨其是非，方合逻辑。

　　《陈太》将陈式的要点"缠法"列为"特点三"便没有认明主次。就算是"特点"也只能有一个，何能有"八个"之多？何况又是作者自己承认的"共同特点"（既是共同的，便不是特点）。每设"特点"之前，先列"拳谱规定"四条。本书末章摘录陈鑫语录十分丰富。作者却舍近求远地引用其他拳谱的规定，岂非有如夸耀别人的宗谱来迷惑后人那样可笑！所谓"拳谱规定"中又往往掺入旧拳论中原来没有的句子，如第二特点的"松腰圆裆，开胯屈膝""身肢放长"；第三特点的"运劲如缠丝"；增改原文如第四特点的"处处总有此一虚一实"；"尾闾正中神贯顶"（原文为中正，而非正中）；第六特点的"往复须有摺迭"（原为折叠）；妄加句子如"意断神不断""一气呵成"（原有劲断意不断，而无一气呵成）。虽然不应加减字句，妄改古人原句，或独创新词，不是实事求是，但如果讲得合乎陈式要求，也还罢了。但原文"处处总此一虚实"，将"虚实"说为"总此"，是对立统一的。加字改为"处处总有此一虚一实"，把虚实显然孤立起来，怎能符合"阴不离阳，阳不离阴"的"刚柔相济"？"神"是"意"的外部表现，怎能"意"断而"神不断"？

217

总的来说，由于作者不明陈式规律而写《陈式太极拳》书，大脑里只存在着其他拳式，所以写"名家行拳实例"，只写所见的杨、吴二老拳法，好像从未见过陈发科先生行拳似的，因而只字不曾提到。从这种奇异的现象看来，使我不由得想起：唐代博士替乡人写卖驴券，写了三张纸，还没有一个"驴"字。又如侯宝林先生说的相声《夜行记》里的那辆自行车，除了该响的铃铛不响，其他不该响的都响，正是那样的逻辑。

1981年五一劳动节前夕

写于泉城

附录三　易学大家刘子衡先生与太极拳的缘分

洪均生著作整编委员会

刘子衡先生（1905—1981），字位均，山东滕州人氏，1981年7月20日在济南病逝，终年76岁。

刘先生一向以"布衣"自居，勤于躬耕，不慕名利，人称"布衣大师"。先生的生活经历奇特，富有传奇色彩。他博学强记，勤于经史，淹灌群籍，博学佛道，著有《周易正义稿》《同文尚书校注》等。广与国共两党的重要人物交往，是我国著名的爱国人士，国民党元老于右任称之为"国学大师"，周恩来总理誉他为"易学大师"。

图一

新中国建立不久，子衡先生在济南定居，得识太极大家洪均生先生，相见恨晚，共论经史、书法、诗词、太极拳颇为融洽。先生与洪公相交莫逆，互赠所学，相得益彰，并称赞"太极拳乃传统文化之瑰宝"。建议洪均生先生著书立说，并给予多方面的帮助。曾赠以书法"春风大雅能容物，秋水文章不染尘"并诗词数首，以示友谊。

刘子衡先生曾以易理说拳理，洋洋大观，三万余字，一句有一句之法，字字珠玑，掷地犹如金石之声，妙哉此文！而后此稿不知收藏于何人之手。今将子衡先生与洪公在趵突泉清照祠前合影照示之，音容笑貌，亲切感人，历历如昨。

五十余年的历史沧桑，见证二位先生的人品、道德、文章、武功，值得后人称颂。为此，谨以此文纪念二位友人的莫逆之交！

并附刘子衡先生赠送洪公诗词原文。

乐哉行
——赠友人洪均生

老骥仍雄杰，歧路何访惶。

我昂惭伯乐，识子明湖旁。

时维秋八月，柳丝翠且长。

汇泉堂初成，游赏乐未央。

就中见之子，妙舞神洋洋。

气味偶相引，会友以文章。

1950年秋，我侨居济南之秋柳园，偶游湖畔汇泉新堂，得交洪均生先生。

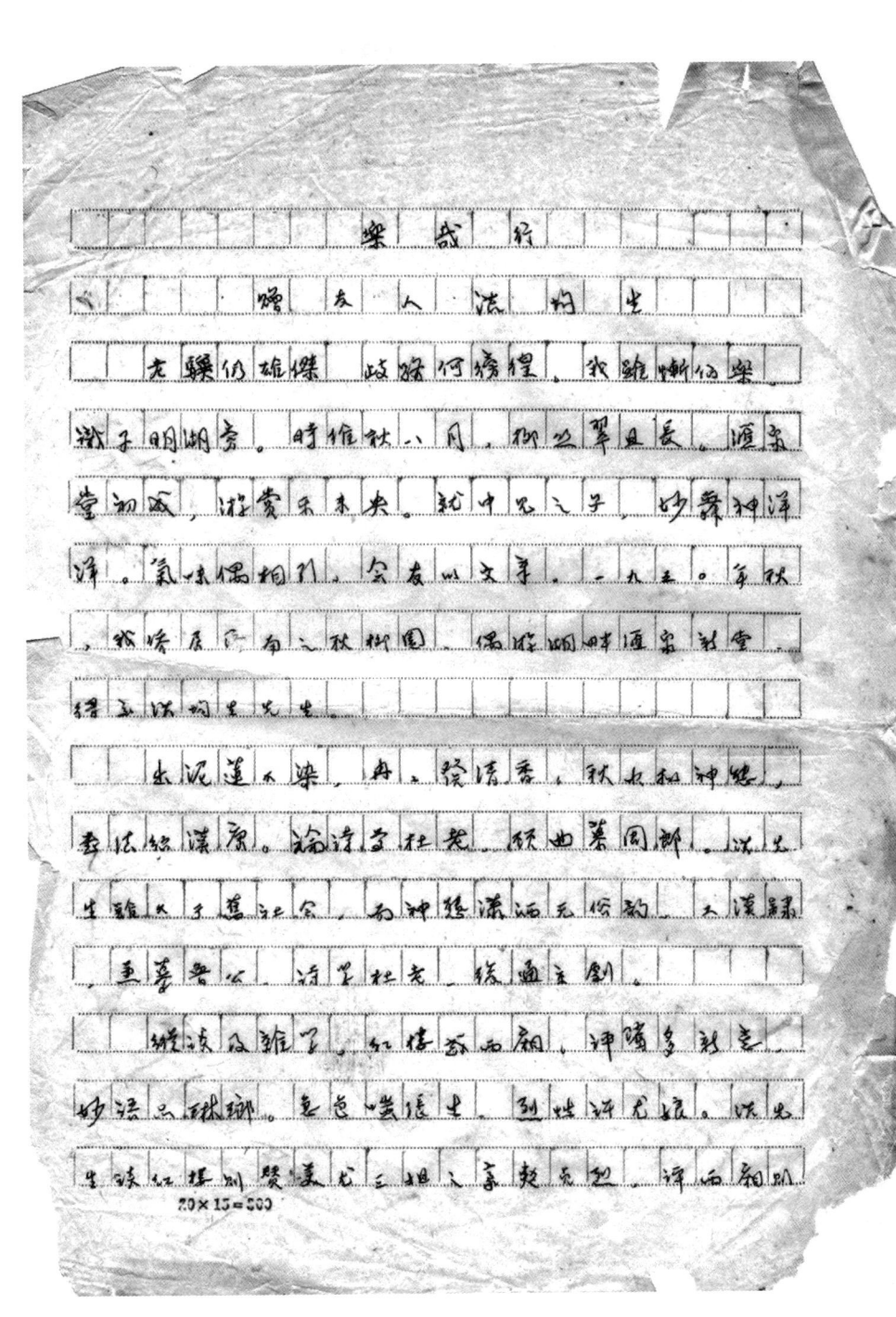

图二

出泥莲不染，冉冉发清香。
秋水拟神态，书法识汉唐。
论诗学杜老，顾曲慕周郎。

洪先生虽久于旧社会，而神态潇洒无俗韵，书工汉隶，画慕鲁公，诗学杜老，复通京剧。

纵谈及杂学，红楼或西厢。
评荐多新意，妙语品琳琅。
急色嗤张生，烈性许尤娘。

谆谆诲后学，勤勤写文章。
良相良医外，济世各有行。
献此延年术，普愿斯民康。

乾坤一腐儒，名利本渺茫。
固穷守泥涂，曳尾乐行藏。
君子交友道，鱼水两相忘。
坐对雪后松，青青挺山岗。

洪均生著作整编委员会编写组
2016年7月26日

后　记

　　人生的意义，不在于生与死，而在于他对于社会所存在的意义。洪均生先生已经离开我们20年了，他的音容笑貌、他的拳法、他的精神、他的武学思想，都深深地烙在人们的心中！令我们欣慰的是，在洪公逝去的这20年的时间中，他的拳法已经广泛传播到祖国大江南北的各个地区，传播到世界各地的诸多国度，洪式太极拳已经被越来越多的人们所喜爱、所追求，以至于痴迷！

　　2015年3月29日，这是洪式太极拳法传承上的重要里程碑。在洪式太极拳的发源地济南，由洪式太极拳的各代传承人和洪氏家族后人共同为"洪均生公纪念碑"举行了隆重的立碑揭幕仪式，同时发布：洪均生公所传太极拳称为"洪式太极拳"。继而成立了"洪均生著作整编委员会"，负责收集、整理、整编、校对洪均生公的著作、文集、视频、图片、诗稿等所有资料，并选出经典之作集结成册，出版《洪式太极拳》一书。

　　洪均生著作整编委员会编写组组长蒋家骏，组员王德友、尚华健、洪森、田芸。2015年4月3日至5月7日，编写组在徐州沛县进行了首期一个月的整编工作；2015年6月4日至7月9日、2016

年6月19日至7月29日，这两次集中整编工作都是在徐州丰县完成的。三次整编工作中均遇到各种复杂难解的问题，然披荆斩棘，几经校对，终成定稿。在工作中争论，在争论中不断总结，经过反复研究讨论，制定以下原则：

（1）书名为《洪式太极拳》，分上、下两卷，内容只涉及洪公拳法的理论、技术部分。对于其他诗词、歌赋、札记之类的文章，以后再另行整理出版。

（2）总体参照《实用拳法》第一次版本（1989年11月第一次印刷本）的写作模式。内容尊重原著，不敢妄改一字一句。其中一、二路拳法详释重要内容以洪公亲笔手稿——"陈式太极拳势名考释、练法详解"为标准，该稿是洪公1972年赠给蒋家骏先生以资研究用的，首页有洪公签名。

（3）拳照的选用，以《实用拳法》的原版照片为准，这是洪公技术比较成熟时期留下的宝贵财富。此套照片原版由蒋家骏先生精心收藏数十年，今倾囊相授，提供给编写组出版使用。

（4）新增刊的文章必须以洪公亲笔手稿为准，经过编写组甄别通过才能录入。特别说明：因为《实用拳法》中"势名考释、动作、着法要领说"一文与洪氏家人提供原手稿内容存在很大出入，经过编写组认真研究讨论，决定使用原稿文字替换此文。并增入洪公为此所写附文"重写势名考释杂谈"，意义深远！

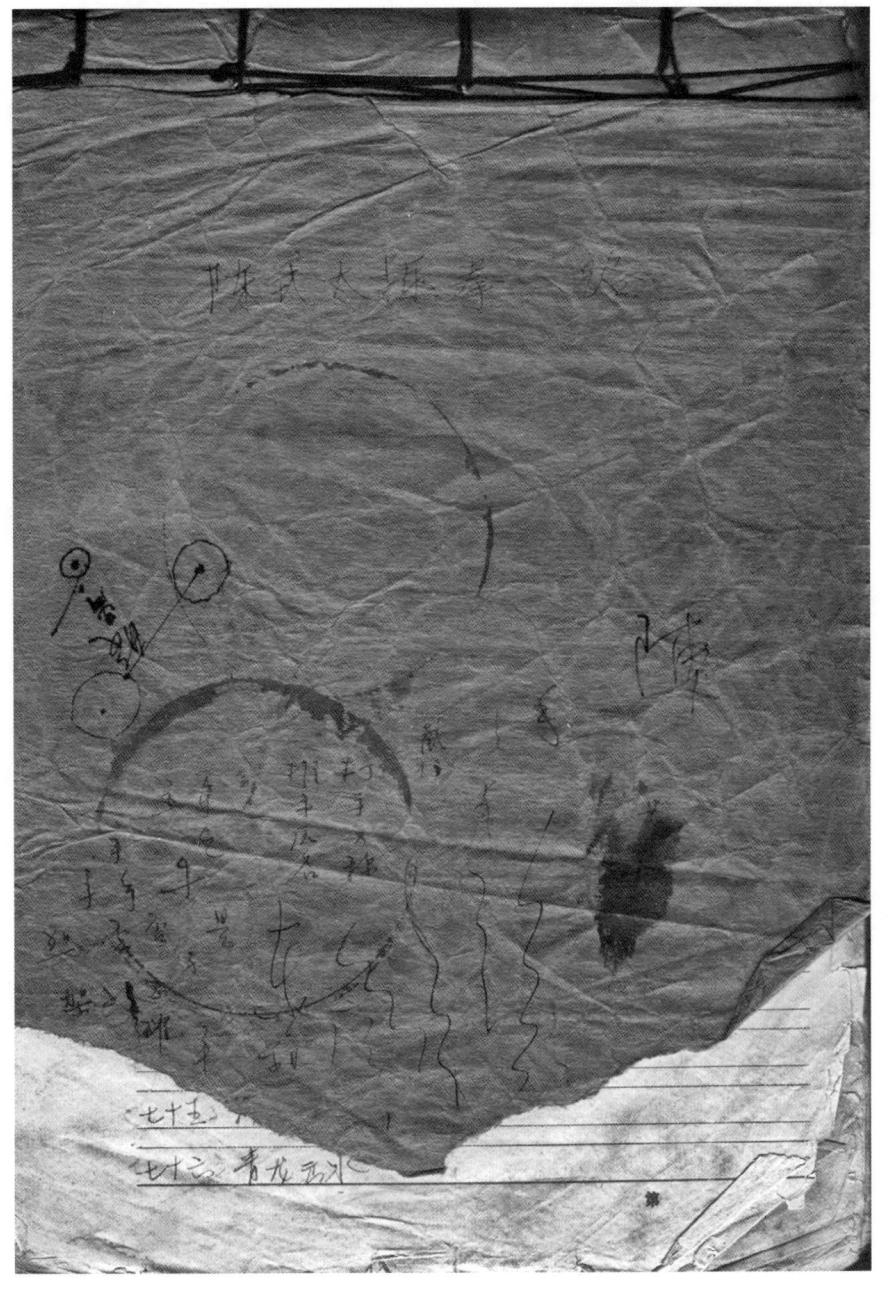

《后记》图一

《后记》图二

这是效七极胜况一稍肯后，也二方，另向左转，纳以右足拥劲，将发出以左足如大逆缠的缠发劲将来。这主人之疏被捉住上掀，我尚未倒地，急纶右转，嗤以左足手蹬，此时身略为右倾反，而眼肯左後方，如一股"夜又探海"之式。

扫蹬腿动作要领：眼肯前方，身左、右旋转，步法是接收右膝屈劲成小再步，再以右足蹬劲，左足释换左足蹬到以左足似蹬。最後成大侧马步，手法是松太掤左擘。太极为揽衣。

动作一眼看右前方，身微左转，左膝收缩了住塌劲，右胯连续提膝向左收转，成右独立步。同时右手受顺缠，沉肘拳在受方的向前回转，如以拾柱挚一动作，右拳以侧向左後上斜向，拳眼侧向右前上斜向，左手受逆缠握拳

《洪式太极拳》一书是洪公一生心血的结晶，编写组力求准确、完美，不敢有一丝的苟且马虎。因为技术性太强，不能出现任何偏差，编写工作非常之艰难。尤其是图片的整理工作，首先是挑选排序，再把每一张照片重新拍摄制作录入电脑。还存在着图片与文字描述不相符的矛盾等，需要查阅洪公不同时期的手稿分别核对，编写组人员都尽心竭力，一一解决。这期间徐州丰县、沛县的蒋家骏先生的弟子们，风风雨雨地陪伴着编写组度过了无数个日日夜夜，在生活上和经济上都给予无私的帮助，对他们致以由衷的感谢！

洪均生著作整编委员会编写组

2016年7月26日

图书在版编目（CIP）数据

洪式太极拳. 下卷 / 洪均生著. – 北京：人民体育出版社，2018（2018.9.重印）
ISBN 978-7-5009-5309-8

Ⅰ. ①洪…　Ⅱ. ①洪…　Ⅲ. ①太极拳—基本知识　Ⅳ. ①G852.11

中国版本图书馆 CIP 数据核字（2018）第 009362 号

*

人民体育出版社出版发行
中国铁道出版社印刷厂印刷
新 华 书 店 经 销

*

787×960　16 开本　16.25 印张　242 千字
2018 年 8 月第 1 版　2018 年 9 月第 2 次印刷
印数：5,001—7,000 册

*

ISBN 978-7-5009-5309-8
定价：62.00 元

社址：北京市东城区体育馆路 8 号（天坛公园东门）
电话：67151482（发行部）　　邮编：100061
传真：67151483　　　　　　　邮购：67118491
网址：www.sportspublish.cn
（购买本社图书，如遇有缺损页可与邮购部联系）